KB036639

RE DESIGN KOREA

한국 경제

희망

찾기

RE DESIGN KOREA
한국 경제 희망 찾기

펴 낸 날 | 2017년 5월 1일 초판 1쇄

지 은 이 | 이동근
펴 낸 이 | 이태권

펴 낸 곳 | (주)태일소담
　　　　　서울특별시 성북구 성북로8길 29 (우)02834
　　　　　전화 | 02-745-8566~7 팩스 | 02 -747-3238
　　　　　등록번호 | 1979년 11월 14일 제2-42호
　　　　　e-mail | sodam@dreamsodam.co.kr
　　　　　홈페이지 | www.dreamsodam.co.kr

ISBN 979-11-6027-017-4 03320

이 도서의 국립중앙도서관 출판예정도서목록(CIP)은 서지정보유통지원시스템 홈페이지
(http://seoji.nl.go.kr)와 국가자료공동목록시스템(http://www.nl.go.kr/kolisnet)에서
이용하실 수 있습니다. (CIP제어번호 : CIP2017010102)

RE DESIGN KOREA

한국 경제

희망

찾기

소담출판사

들어가며

RE DESIGN KOREA

희망 공식
세우기

"호수 위의 오리 같다.
현재 상태를 유지하기 위해 물 아래서
쉼 없이 발길질을 이어가고 있다."

"대외 리스크 극복의 내부 동력을
찾기 어렵다. 올해 최대 화두는 범피로드서
살아남는 것이다."

  올 한 해 경제 상황을 두고 각계에서 쏟아지는 말들이다. 한국 경제가 암울하다. 30년 전만 해도 두 자릿수를 기록하던 경제성장률은 최근 2% 중후반까지 내려갈 것으로 얘기된다. 조선, 철강 등 경제를 지탱해왔던 주력 산업의 경쟁력도 갈수록 추락하고 있다.

  갈 길은 먼데 걸림돌은 많다. 정치적 불확실성은 가시지 않은 데다 소비심리는 갈수록 떨어져만 간다. 청년 실업률도 사상 최악으로 치닫고 있다. 1300조에 달하는 가계 부채도 언제 터질지 모르는 시한폭탄이다.

대외로 눈을 돌려봐도 그렇다. 미국 금리 인상이 예고되고, 중국의 부채 증가 우려 속에 전 세계적으로 돈줄 죄기가 시작될 가능성이 크다. 트럼프 행정부 출범을 계기로 선진국을 위시한 세계 각국의 보호무역 기조는 날이 갈수록 심해지고 있다. 조선, 철강 등 경제를 지탱해 왔던 주력 산업은 글로벌 공급 과잉이 우려된다.

엎친 데 덮친 격, 울고 싶은데 뺨 맞을지 모르는 상황이다. 기업들의 위기감은 절박하다. 기업경기전망지수는 외환 위기 후 최저치다. 하지만 현장에서 느끼는 위기감은 수치로 드러난 것보다 훨씬 절박하다. 그동안 최악이라도 계획은 세울 수 있었지만 지금은 그렇지도 못하다. 예측을 해야 계획을 세우련만 예측 자체가 어렵다.

이렇다 보니 기업은 일을 벌일 수가 없다. 기업의 역할은 사업을 벌여서 사람들에게 일자리를 제공하는 것이다. 고(故) 이병철 삼성그룹 창업주는 기업의 역할에 대해 이렇게 말했다.

"기업의 소임은 많은 사업을 일으켜 많은 사람에게 일

자리를 제공하면서 그 생계를 보장해주는 한편, 세금 납부를 제대로 하여 그 예산으로 국가 운영을 뒷받침하는 데 있다."

기업은 일자리를 만들어야 한다. 그것이 기업의 존재이유이며, 국민이 바라는 기업의 역할이다. 혹자는 기업을 가리켜 구빈(救貧)기관이라고까지 한다. 일자리 창출은 사회 질병을 예방하고, 기업이 고성장하면 일자리가 많아지기 때문에 민심은 안정된다. 실업자가 많은 나라는 사회가 불안하다. 그런데 기업이 일을 벌이지 못하니, 일자리는 없고 대한민국의 미래는 불안하다.

단순히 무엇 하나 바꿔서는 한국 경제를 살릴 수 없다. 경제의 밑그림부터 다시 그려내야만 한다. 경제를 떠받치는 근본적인 틀을 리디자인(Redesign)해야 한다.

리디자인의 첫 번째 작업은 바로 기업하기 좋은 환경조성에 있다. 국가의 미래를 좌우할 정치를 바로 세우고, 분열과 대립을 해소할 리더가 나타나 이성과 감성을 사로잡을 정책을 펼쳐야 한다. 일자리 창출을 가로막는 각종 규제를 풀고, 일관되고 지속적인 정책을 통해 기업의 창고를 채우고, 다시 열어야 한다.

두 번째는 기업이 바로 서고, 기업을 바로 세우는 데 있다. 과감한 도전정신과 창의로 무장한 기업가정신을 통해 꿈을 잃어버린 청년 세대에 일자리를 마련해줘야 한다. 야근문화, 상명하복식 기업문화를 개선해 국민들에게 가정을, 삶을 돌려줘야 한다. 사회에 만연한 반기업정서를 해소하기 위한 사회적 책임도 다해야 한다.

마지막 세 번째는 미래 세대를 위한 준비다. 모든 산업과 사회를 뒤엎는다는 4차 산업혁명이 눈앞에 있는 지금, 지금 준비하지 않으면 우리에게 미래도 희망도 없다. 멈춰가는 혁신 엔진을 재가동해 혁신의 꽃을 피우고, 창의적인 아이디어와 인재로 재무장해 미래 백년대계를 준비해야 한다.

요즘 '노오력'이란 말이 유행이다. 아무리 노력해도 살길을 도무지 찾을 수 없는 세상이다. 꿈을 잃어버린 사회, 일할 수 없는 한국 경제를 살리기 위해서는 희망이 다시 싹터야 한다.

그리고 '금수저가 아니어도 잘살 수 있다, 맨손이라도

노력하면 성공할 수 있다'는 희망은 대한민국 땅을 살아가는 모든 이가 함께 경제의 근본 틀을 바꿔야만 비로소 우리에게 다가온다.

CONTENTS

CONTENTS

PART 1

대한민국은
일하고 싶다

선진
기업환경
조성

정치는
국가의 미래를
좌우한다

2017년은 정치의 해다. 미국 트럼프 대통령이 취임했고, 우리나라도 대선을 코앞에 두고 있다. 그런데 최근 정치를 바라보는 기업인들의 마음은 편치 않다. 대형 게이트로 시작된 정치 불확실성으로 불안의 체감도가 어느 때보다 큰 상황이다.

정치는 국가의 미래를 좌우한다. 그런데 그 정치에 있어 가장 큰 문제는 경제 정책이다. 논어에서는 정치를 "식량을 충분히 쌓고(足食) 군사를 충분히 보유하고(足

兵) 백성의 신뢰를 얻는 것(民信之矣)"이라고 했다.

'희망'이라는 두 글자가 희미해져가는 대한민국에 필요한 정치는 무엇일까? 국민들을 잘 먹고 잘 살게 하는, 모든 국민을 화합해 신뢰를 얻는, 가슴뿐만 아니라 이성마저 사로잡을, 바로 '양신(良臣)의 정치'다.

"문제는 정치야"

|

경제는 정치에 큰 영향을 미친다. 1992년 미국 대선에서 빌 클린턴 후보는 '문제는 경제야, 바보야(It's the economy, stupid!)'라는 구호로 재선에 나선 조지 부시 대통령을 꺾고 당선됐다.

한편 정치가 경제에 미치는 영향도 크다. 애덤 스미스와 데이비드 리카도가 '경제학(Economics)' 대신 '정치경제학(Political economy)'이란 용어를 사용한 것은 이러한 상호관계를 보여준다.

정치는 국가 경제의 미래를 결정하는 중요한 요소이

다. 6~7년 전 인도가 이를 잘 보여준다. 2012년 영국의 경제주간지 〈이코노미스트〉는 BRICs 국가 중 고성장을 구가해온 인도의 경제성장 마법이 풀려가고 있다고 했다. 그 원인으로 인도의 정치를 지적했다.

개혁에 미온적인 정부, 당리당략에 휩쓸리는 의회, 그리고 심각한 부정부패 때문에 2004~2007년 평균 9.5%를 기록했던 인도의 경제성장률은 2011년 4분기 6.1%로 급락했다.

정치가 늘 경제의 발목을 잡는 것은 아니다. 유로존 위기 속에서도 나 홀로 호황을 누리고 있는 독일을 보자. 2005년 12.5%를 기록했던 실업률은 2012년 5.7%로 통일 이후 가장 낮은 수준이다.

독일 국채의 금리는 기축통화국인 미국의 경우보다 낮아 전 세계에서 가장 안전한 금융 자산으로 인식되고 있다. 이런 상황이 가능하게 된 데는 정권 교체 여부에 관계없이 지난 10년간 지속적으로 추진되어온 개혁 정책과 정치적 안정이 큰 기여를 했다.

한국은 지금 전환기를 맞고 있다. 외환 위기 후 최악이라는 2017년, 산업현장 여기저기선 비명소리가 끊이질 않고 있다. 대한상공회의소가 2017년 1월 조사한 기업경기체감지수도 '68'로 환란 후 최저치를 기록할 정도다.

올바른 정치는 다양한 이해관계와 갈등을 조정하고 단합을 이끌어 국민의 인간다운 삶을 가능하게 한다. 그러나 정치의 조정 기능은 실종되고, 표를 의식한 갈등 조장과 포퓰리즘적 공약만이 난무한다면 우리도 정치가 경제의 발목을 잡은 사례가 될 수 있다.

좋은 정책의 연속성을 유지하고 경제의 적인 불확실성을 줄여주는 정치, 당장은 쓰고 아프겠지만, 장기적으로 국민 모두에게 득이 되는 책임 정치가 필요하다. 올해 우리에게 '문제는 정치'다.

충신과 양신

ㅣ

중국 당 태종의 『정관정요(貞觀政要)』는 제왕학의 교과서로 불린다. 이 책에 나온 일화 하나를 살펴보자. 위징(魏徵)이라는 신하가 충신(忠臣)과 양신(良臣)에 대해 설명하는 대목이다.

위징은 당 태종에게 자신을 충신이 아닌 양신이 되게 해달라고 요청한다. 황제는 충신과 양신이 어떻게 다른지 묻는다. 위징은 이렇게 답한다.

"충신은 바른말을 해 자신은 죽게 되고 군주에게는 폭군이라는 오명을 씌우는 신하다. 그러나 양신은 자신도 세상의 칭송을 받고 군주에게는 명군(名君)이라는 명예를 얻게 하는 신하다."

양신은 목표를 중시하고 이를 달성하기 위해 주변을 지혜롭게 설득하는 사람이다. 필요하면 얼마든지 자신을 굽히고, 돌아서 갈 줄도 안다. 그러나 충신은 목표의 달성 여부보다 소신이 중요하다. 강직하지만 상대방 입장은 안중에 없다. 달리 표현하면 양신은 실질을 중히 여기고 충신은 명분을 중시한다고 할 수 있다.

우리나라에서는 죽음을 불사하며 직언을 서슴지 않는 충신을 양신보다 높이 평가하는 문화가 있다. 또 역사 속에서도 충신을 떠올리기는 쉬워도 양신을 찾기는 어렵다. 군이 꼽자면 조선 효종 때 정승인 김육 정도가 양신의 반열에 들 수 있지 않을까 한다. 김육은 백성의 삶을 실질적으로 개선하기 위해 임금과 반대 세력을 꾸준히 설득해가며 충청·호남으로 대동법을 확대 실시하는 데 주도적 역할을 했다.

그때로부터 400년 가까운 시간이 지났지만 지금도 바람직한 위정자의 모습은 다르지 않다. 정책을 입안하고 실행하는 자는 모름지기 충신보다 양신이 되도록 노력해야 한다.

선명한 명분과 이념을 내세워 국민에게 당장 듣기 좋은 말을 하기는 쉽다. 그러나 그렇게 해서는 복잡한 이해관계를 제대로 조정할 수 없고 반드시 부작용이 따르게 마련이다. 양신은커녕 간신(奸臣)이 되기 십상인 것이다.

또 좋은 정책을 내놓는 데 그친다면 충신에 불과하다. 양신이라는 평가를 받으려면 올바른 정책을 성공적으로 실행해 국가를 부강하게 하고 국민의 생활을 실제로 개선하는 데까지 나아가야 한다.

복잡한 문제도 양신의 관점으로 보면 해법을 찾는 데

선진 기업환경 조성

도움을 받을 수 있다. 예를 들면 복지 확대는 매우 명분 있는 정책이지만 부작용과 지속 가능성까지 충분히 고려해 결정해야 한다. 한번 시행된 복지제도는 다시 거두어들이기 어려운 반면 재정에 미치는 영향은 매우 크기 때문이다. 특히 지금 우리의 경제 수준을 냉정히 평가한다면 급격한 복지 확대는 북유럽식 유토피아보다 남유럽식 디스토피아로 이어질 가능성이 없지 않다.

경제민주화 이슈도 마찬가지다. 소비자 후생의 감소 문제는 차치하더라도 대기업과 함께 성장하거나 이익을 공유하는 수많은 납품·입점업체와 종사자의 희생이 불가피하기 때문이다. '충신형(型)' 대책은 될지 모르지만 '양신형'의 지혜로운 해법과는 거리가 있어 보인다는 의미다.

우리 사회의 난제 중 하나인 비정규직 문제 역시 정규직화란 명분만 앞세워서는 해결책을 찾기 어렵다. 몇 년 전 비정규직 사용을 제한하는 법률을 만들었지만 효과는 크지 않다. 한곳에서 계속 일하고 싶은 근로자의 일자리를 잃게 하는 경우도 많았다. 비정규직을 쓸 수밖에 없는 기업 현실을 도외시한 정책이기 때문이다.

오히려 비정규직 근로자의 직업 능력을 적극 계발해주고 불합리한 차별을 개선하는 데 노력했다면 이들의 삶이 훨씬 나아지지 않았을까.

가슴 울린다고 좋은 정책은 아니다

|

성장과 복지는 따로 생각할 수 없다. 1997년 외환 부족 사태, 2008년 글로벌 금융 위기, 최근 유럽 재정 문제 등이 이어지면서 국민들은 이른바 '위기 피로감'에 빠지고 복지에 대한 수요가 늘고 있지만, 나라의 곳간을 채워줄 성장도 챙겨야 할 때이다.

시장경제에서 경쟁은 불가피하고 그 과정에서 차이가 벌어지게 되는데 이를 조정하기 위해 국가가 개입을 하게 된다. 그러나 시장경제 원칙의 예외인 규제와 조정을 늘리는 것은 매우 신중해야 한다. 개인과 기업의 창의를 바탕으로 하는 시장경제가 우리 경제의 원동력인데 이러한 성장 동력이 무너질 수 있기 때문이다.

대·중소기업의 양극화에 대해서도 좀 더 신중히 접근할 필요가 있다. KDI보고서에 의하면 지난 20년간 중소기업의 부가가치증가율(9.8%)이 대기업(8.7%)보다 높게 나타났다. 통계상으로는 중소기업 전체가 대기업보다 나빠졌다고 보기 힘들다는 지적이다.

또 대·중소기업 간 영업이익률 격차가 계속 줄다가 2010년 확대되면서 양극화 주장에 힘이 실렸으나 한국은행 통계에 따르면 2011년 중소기업의 영업이익률(5.44%)이 대기업(5.38%)을 앞질러 분명치 않다. 다만, 영업손실을 기록한 중소기업이 이전보다 늘고 있는 점은 간과하기 어렵다.

이처럼 양극화의 실재 여부가 불명확한 가운데 이를 해소하기 위해 무턱대고 규제부터 해서는 곤란하다. 대기업을 규제해서 중소기업의 경영 여건 개선에 도움이 될 수 있을지도 불분명할 뿐만 아니라 우리 경제에도 악영향을 줄 수 있기 때문이다.

정부가 규제하지 않더라도 시장과 소비자가 기업을 내

버려두지 않는 것이 오늘날의 현실이다. 노키아 사례에서 알 수 있듯이 세계 일등기업도 시장과 소비자를 외면하면 한순간에 밀려날 수 있는데 규제까지 발목을 잡아서는 기업하기 힘들어진다.

다양한 생각과 의견을 모으고 조율하며 이를 정책으로 구현하는 것이 정치의 역할이다. 한쪽 귀만 열고 다른 쪽을 닫아서는 안 된다. 선거를 앞두고 경제적으로 고통받는 많은 이들의 가슴을 뻥 뚫어주고 기업한테는 사기를 불어넣는 좋은 정책을 기대해본다.

한국 경제 희망 찾기
RE DESIGN KOREA

가슴을 울려야만 좋은 정책일까.
고통받는 이들의 가슴을 헤아리다 이성의 두뇌를
저버리는 건 아닐까. 충신의 바른말만 듣느라
양신의 양언을 지나치지는 않을까.

새로운 정부가 곧 출범한다.
부디 헛된 명분을 앞세우는 충신이 아닌
가슴과 이성을 두루 헤아리는 양신의 자세로
대한민국을 다시 일으켜 세우길 기대한다.

한국 경제,
오븐 속
거북이 되다

대한민국 일자리가 사라지고 있다. 2016년 사실상 백수가 사상 첫 450만 명을 돌파했다. 혼자 취업을 준비하는 나 홀로 취준생도 역대 최고를 기록했다. 국민들은 일을 하고 싶어 미칠 지경인데 일자리가 없다. 기업도 마찬가지다. 기업도 일자리를 만들고 싶지만 일을 벌일 수가 없다.

문제는 제조업의 공동화(空洞化)다. 일자리의 보고였던 제조업의 고용 창출력은 날이 갈수록 떨어져만 간다.

대안이 될 서비스업 발전도 지지부진하다. 기업환경도 규제며 법인세며 자꾸만 옥죄려다 보니 기업은 자꾸만 해외로 빠져나간다.

실제 2017년 취업문은 지난해보다 더 좁아질 것으로 보인다. 대한상의에 따르면 지난해보다 채용을 늘리겠다는 기업은 27.7%로 3분의 1에도 못 미쳤다. 절반에 가까운 49.6%는 채용을 유지하거나 줄일 계획이라고 밝혔다. 계획을 잡지 못했다는 기업도 22.7%에 달했다.

갈수록 좁아져만 가는 취업문, 일하고 싶지만 일할 수 없는 대한민국은 육지에 올라온 바다거북, 구멍 뚫린 도넛과 같다.

바다거북과 제조업
|

영화 〈친구〉에서 아이들이 내기를 한다.

"조오련과 바다거북이 수영을 하면 누가 빠를까?"

영화에선 구수한 사투리로 입씨름이 오가지만 사실 바

다에서 거북을 이길 자는 없다. 바다거북의 평균 유영 속도는 시속 20km에 이른다. 박태환 선수보다 3배 이상 빠른 속도다.

바다거북 이야기를 꺼낸 것은 우리나라 제조업 현실 때문이다. 우리 제조업은 일자리 창출의 보고였다. 가발 공장에서 시작해 지금의 최첨단 휴대폰에 이르기까지 대한민국 성장을 이끌고, 일자리를 만든 것은 제조업이었다. 그랬던 제조업이 허우적대고 있다. 육지에 오른 바다거북처럼 말이다.

특히 고용 창출력이 급전직하하고 있다. 제조업 일자리는 글로벌 금융 위기 직후 2년간 17만 2000여 개나 줄었다. 전체 고용에서 차지하는 제조업 비중도 지난 2000년 20.3%에서 2009년 16.3%로 감소했다. 제조업의 취업유발계수도 2000년 13.2명에서 2008년 9.2명으로 하락했다.

이처럼 제조업의 고용 창출력이 떨어진 이유는 바로 기업할 환경이 제대로 갖춰지지 못했기 때문이다. 육해공을 오가는 바다거북은 육지에서는 그야말로 느림보다.

거북이는 육지에서 1시간에 0.4km밖에 못 간다. 바다거북은 드넓고 자유로운 바다에서만 누구보다 빠르게 헤엄칠 수 있다.

제조업도 마찬가지다. 제조업이 활발한 경영활동을 하려면 입지·환경·세제 등의 불필요한 규제나 부담이 없어야 한다. 갖가지 규제나 장애물을 들이밀면 제조업은 성장할 수가 없다. 육지로 온 거북이처럼 말이다.

튼튼한 국민경제와 일자리 창출의 기초는 제조업에 있다. 일하고 싶은 대한민국, 그 첫 번째 과제는 바로 제조업의 부활에 있다. 거북이를 달리게 하려면 자유로운 바다로 보내야 하는 것처럼 제조업을 다시 뛰게 하기 위해선 선진화된 기업환경을 갖추는 게 무엇보다 중요하다.

도넛경제
|

1980년대 후반 포드와 모토로라 등은 미국 생산 공장들의 짐을 싸기 시작했다. 제조업 홀대와 인건비 상승이

심해졌기 때문이다. 이를 두고 학자들은 '도넛경제'라 불렀다. 제조업 공장들이 떠나며 미국 경제가 한가운데 구멍이 뻥 뚫린 도넛 모양으로 변했기 때문이다.

'경제를 살릴 골든타임'이라는 지금, 한국 경제가 직면한 상황도 당시 미국과 크게 다르지 않다. 통계만 봐도 그렇다. 10년 전 한국 기업들이 국내에 1000달러 투자했다면 해외에는 93달러 투자했다. 그러나 지금은 국내 투자 1000달러당 270달러를 해외에 투자하고 있다. 외국인 투자라도 이 간극을 메워주면 좋겠지만 사정은 그렇지 못하며, 미국처럼 가운데가 뻥 뚫린 도넛경제로 치닫고 있다.

이 같은 해외 투자 증가는 제조업 공동화로 이어져 일자리 감소와 내수시장 위축을 불러온다.

피자경제

|

경제의 도넛화를 피하기 위해선 선진국들의 '제조업

르네상스' 전략을 눈여겨봐야 한다. 미국은 금융 위기 이후 제조업의 중요성을 인지하고, 일자리와 기업을 끌어들여 거대 자석화하겠다는 이른바 '리메이킹 아메리카' 전략을 펼쳤다.

일본도 법인세 인하와 과잉 규제 해소 등을 골자로 한 '일본 재흥 전략'을, 독일은 산업생산성 30% 향상을 통해 4차 산업혁명을 꿈꾸는 '인더스트리 4.0' 등을 주요 정책 방향으로 삼고 있다. 하나같이 자국 기업 유턴과 외국인 투자 유치를 위해 규제 개혁과 세(稅) 부담 축소, 미래 산업 인프라 지원 등을 추진하고 있다.

그러나 우리나라는 정반대의 상황으로 가고 있다. 바다거북을 육지에 두는 것도 모자라 뜨거운 오븐 속에 가둬놓고 있다.

최근 몇 년간 동시다발로 쏟아지고 있는 신규 규제는 기업들을 옴짝달싹 못 하게 하고 있다. 정년 60세 연장, 육아휴직 확대에 이어 근로시간 단축, 정리해고 요건 강화, 사내하도급 사용 규제 등 노동 규제도 잇달아 도입됐거나 도입을 추진 중이다.

환경 부문에서도 화평법과 화관법, 배출권거래제와 저탄소협력금제 등의 규제가 일제히 시행됐고, 자원순환사회전환 촉진법이나 환경오염 피해 구제법 같은 규제들이 대거 도입될 전망이다.

제조업을 대신할 서비스업 육성을 위한 노력도 부족하다. 우선 1억 명으로 추산되는 '요우커(遊客)'의 10%만 유치해도 한국의 연간 관광객 유치 규모는 1700만 명대로 급신장해 '지중해 휴양지' 그리스와 어깨를 나란히 할 수 있다. 그러나 최근 일련의 정치적 사태로 인해 중국 관광객은 갈수록 떨어져가고 있다.

도넛경제에 대비되는 개념으로 '피자경제'란 말이 있다. 가운데가 부풀면서 주변까지 고르게 통통해지는 경제를 말한다. 그러나 피자가 제대로 부풀려면 좋은 오븐과 적당한 온도가 필요하다.

한국 경제 희망 찾기
RE DESIGN KOREA

바다거북은
육지에서 헤엄칠 수 없다.
제조업도 격랑 치는 파도에선 일할 수 없다.
피자가 통통해지려면 성능 좋은 오븐과
적당한 온도가 필요한 것처럼
제조업이 다시 뛰기 위해선 선진화된
기업환경이 갖춰져야 한다.

생선을
자꾸 뒤집으니
일자리가
사라진다

노자는 나라 다스리기를 "작은 생선 굽듯 하라(若烹小鮮)"고 했다. 생선을 자꾸 뒤집으면 살이 떨어져 먹을 게 없어진다. 제도도 자꾸 바꾸면 불안감만 커지고 혼란만 생긴다.

기업에 대한 정책도 다르지 않다. 정책의 향방을 예측하기 어렵고 시장 원리에 대한 신뢰가 무너지면 기업은 투자와 고용에 소극적일 수밖에 없게 된다. 자꾸만 바뀌는 정책은 신뢰도를 떨어뜨린다.

기업은 갈피를 잡지 못해 이리 치이고 저리 치이느라 미래를 대비할 수 없게 된다. 선거철마다 반복되는 노동, 조세 정책에 기업은 작은 생선 하나 제대로 먹지 못하는 실정이다.

한 마리의 작은 생선을 이리저리 뒤집으면 먹을 게 없어진다. 한 마리의 생선에 집착하기보다는 더 많은 생선을 잡을 비책이 필요한 때다.

짚신 장수 망할까 봐 고무신 장사 말라고?

|

세계 인구 3명 중 1명이 고용 위기를 겪고 있다. 2012년 1월 말 국제노동기구(ILO)에 따르면 지구촌 노동 인구 33억 명 가운데 실업자가 2억 명이고, 하루 소득이 2달러 미만인 근로빈곤층(Working poor)이 9억 명이라고 한다.

실업 문제를 해결하기 위해 각국이 이런저런 정책을 펴고 있지만 미국을 제외하고는 눈에 띄는 성과가 없는 게 현실이다.

정부와 지방자치단체가 서민이나 근로자를 보호한다며 새로운 정책을 내놓지만 백약이 무효한 상황이다. 좋은 취지에서 만들어졌을 이런 정책이 기업을 죄인 취급하거나 옥죄어 오히려 일자리마저 없애게 되지 않을까 걱정되는 경우가 많다. 기업이 일자리를 만들어야 한다고 이구동성으로 말하면서 실은 기업 '팔 비틀기'만 하는 게 아닌지 답답하다.

중소상인을 보호한다며 대형 마트와 기업형 슈퍼마켓(SSM)의 영업을 제한한 정책을 예로 들어보자.

이 정책을 만들 때 대형 마트가 지난 10년간 20만 개의 일자리를 만든 공로는 깡그리 무시됐다. 대형 마트로 인해 직·간접적으로 생긴 일자리에 어떤 악영향을 미칠지를 제대로 분석했는지 의문스럽다.

봇물 터지듯 쏟아지고 있는 대기업 때리기도 기업 의욕을 꺾어 일자리에 부정적인 영향을 주고 있다. 재벌세를 도입한다느니, 출자총액제한제도를 부활한다느니 하는 주장이 거리낌없이 나오고 있고, 중소기업 적합 업종

법제화와 이익공유제 도입이 구체화되고 있다. 대기업이 좋은 일자리를 하나라도 더 만들어주기를 기대하면서 기업활동은 얽어매겠다고 하니 이율배반이 아닐 수 없다.

최근 도입됐거나 도입해야 한다고 주장되는 다른 제도들 역시 기업을 곤혹스럽게 하고 있다. 기업을 과녁 삼아 준법지원인제도가 새로 만들어졌고, 징벌적 손해배상과 집단소송제도는 적용 범위를 넓히려 하고 있다. 더 큰 문제는 이런 제도가 글로벌 스탠더드도 아니라는 점이다. 극소수 나라의 제도를 우리나라가 앞장서 받아들여 기업경영을 어렵게 하면 결국 국내 기업을 밖으로 내쫓고 외국인의 투자를 막아 일자리만 줄어들게 될 뿐이다.

정부가 추진하고 있는 근로시간 줄이기 역시 그렇다. 목적은 좋다지만 산업현장에 미칠 영향을 고려하지 않은 채 급하게 서두르고 있다. 현행법이 정하는 근로기준은 지켜야 하겠지만 근로제도의 틀을 새로 짜는 문제라면 먼저 기업의 경쟁력과 근로자의 일자리에 미칠 영향을 충분히 검토해야 마땅하다.

정책을 만드는 입장에서는 양극화를 해소하고 서민경

제를 살린다는 등 좋은 의도에서 이런저런 처방을 고안할 것이다. 그러나 "지옥으로 가는 길은 선의로 포장돼 있다"라는 속담처럼 부작용이나 역효과에 대한 면밀한 검토가 없는 정책은 기업과 경제를 어렵게 하고 일자리마저 줄어들게 할 뿐이다.

패러다임의 전환이 필요해 보인다. 약자라고 무조건 보호하거나 강자라고 억누르는 방식은 근본적 해결책이 되지 않는다. 우리가 과거 산업화를 통해 이 땅에 없던 새로운 일자리를 창조해냈듯 이 시대에 맞는 새로운 성장 동력을 발굴해야 좋은 일자리를 만들 수 있다.

짚신 장수 망하니 고무신 장수에게 장사하지 말라고 할 것이 아니라 구두든 운동화든 고무신보다 더 잘 팔리는 물건을 만들게 해야 한다.

버핏과 여비서, 한국에서 세금 낸다면
ㅣ
"나는 고작 17%를 세금으로 내는데 여비서는 더 높은 세율이 적용된다."

2012년 8월 '투자의 달인'으로 통하는 워런 버핏이 〈뉴욕 타임스〉 기고를 통해 한 말이다. 20여 년간 비서로 일해온 데비 보사네크가 2배나 높은 소득세율을 물어야 하는 미국 세제의 불합리성을 꼬집은 것이다.

버핏의 발언 이후 미국은 이른바 '버핏세' 논란에 휩싸였다. 버핏과 버락 오바마 대통령은 '보사네크 사례'에 대한 개선을 주장했고, 그녀는 불공정한 미국 조세제도를 상징하는 인물로 부각됐다.

버핏이 밝힌 바에 따르면 그는 소득의 17%를 소득세로 납부하고 있는 반면, 비서인 보사네크는 소득의 35%를 소득세로 납부한다. 이처럼 버핏과 같은 슈퍼 부자가 일반 근로소득자보다 세 부담이 낮아지게 된 것은 소득 종류에 따라 과세 처리가 다른 미국의 소득세법 때문이다.

미국은 근로소득에 대해 10~35%의 세율로 과세하고 자본소득에 대해서는 5~15%의 낮은 세율로 과세했다. 자본에 대한 고율 과세는 국내 자본의 이탈과 이자율 상승을 가져와 경제성장에 부정적인 영향을 미칠 수 있기 때문에 자본소득에 대한 세제 우대 정책을 실시했던 것이다.

이렇듯 미국의 소득세제가 자본소득을 우대하고 있다 보니 주식 배당으로 상당액을 벌고 있는 버핏보다 근로소득자인 비서가 2배나 높은 소득세율을 부담하는 상황이 발생한 것이다. '버핏세로 자본소득을 추가적으로 과세해야 한다'는 주장이 제기된 대목이다.

그런데 '자본소득세율을 인상해야 하는가'의 논란은 한국으로 건너오면서 '소득세율을 인상해야 하나'라는 일반적 증세론으로 변형됐다.

실제로 2011년 마지막 날 우리 국회는 '한국판 버핏세'라며 3억 원을 넘어서는 소득세 과세표준 구간을 신설하고 소득세 최고세율도 35%에서 38%로 올리는 개정안을 전격 통과시켰다. 과세표준이 3억 원을 초과하는 근로소득자는 더 많은 세금을 내야 한다는 것이다. 귤이 회수를 건너 탱자가 된 격이다.

사실 한국은 미국과 조세제도 체계부터가 다르다. 우

선진 기업환경 조성

리는 이자와 배당소득 합계가 4000만 원(2013년부터 2000만 원)을 초과하면 납세자의 근로소득, 사업소득 등 다른 소득과 모두 합산해 6~38%(2017년부터 6~40%)의 누진세율을 적용한다. 다시 말해 소득 종류에 상관없이 동일한 세율을 적용하는 형태다.

따라서 2012년 당시 한국의 소득세법에 따라 세금을 납부한다면 배당소득이 많은 버핏은 38%의 세금을 낼 것이고, 보사네크는 20%대의 세금을 내지 않았을까 생각된다.

우리는 소득이 많을수록 세금 부담이 무거워지는 누진 적인 세금 구조를 갖고 있다. 최상위 1% 근로자가 내는 소득세 규모를 따져봐도 우리나라는 36%에 달해 미국 (37%), 영국(26%) 등에 비해 결코 작지 않다. 상위 10% 가 내는 세금도 전체의 78%에 이르고, 우리 근로자의 40%는 소득세를 한 푼도 내지 않고 있다.

그렇다면 우리 소득세제는 어떤 식으로 손을 봐야 할까. 우선 물가상승률이나 경제성장률 등을 반영하고 있지 못한 과세표준 구간부터 조정해주는 것이 맞다.

우리 소득세 과세표준 구간은 1996년에 정해진 뒤 2007년까지 11년간 변동 없이 유지되다가 2008년에 들어 '8000만 원 초과'였던 것을 '8800만 원 초과'로 소폭 조정한 데 그쳤다.

96년 이후 14년간 1인당 국민총소득이 2배 이상 오른 것과 비교하면 조정 폭이 턱없이 좁았다. 그 결과 명목소득 증가로 높은 세율 구간으로 이동해 세 부담이 증가한 근로자나 자영업자가 적지 않았다.

40%가 넘는 소득세 면세자 비율도 축소해야 한다. 주요 선진국은 소득세를 안 내는 근로자가 20~30%로 우리나라보다 훨씬 낮다. 납세는 국민의 가장 기본적인 의무인 만큼 특정 계층에 소득세 부담을 가중시키는 것보다는 소득세를 납부하는 국민이 많아지는 것이 바람직하다.

프랑스 루이 14세 때 재상이던 콜베르는 "조세징수 기술이란 거위털을 뽑는 기술과 같다"라고 했다. 거위가 소리를 가장 적게 지르게 하면서 털을 가장 많이 뽑는 것이 훌륭한 조세징수 기술이라는 것이다.

거위의 깃털을 뽑는 과정에서 거위를 함부로 다루면 거위는 소리를 지르거나 달아나버린다. 또 특별히 깃털이 잘 자라는 부분이 있다고 해서 집중 공략하면 그 부분은 머지않아 불모지가 될 수도 있다.

조세 정책은 충분한 사회적 논의와 역사적·문화적 특성을 고려해 입법화돼야 한다. 소수의 특정 계층에 대한 징벌적 과세가 아니라 '낮은 세율, 넓은 세원'이라는 조세의 대원칙이 지켜졌을 때 기업과 국민은 정부의 세수 확보에 적극 일조할 것이다.

25년간 공들인 세종대왕의 세제 개혁

|

"전하, 공법(貢法)을 시행하시면 아니 되옵니다."

조선 최고의 성군으로 꼽히는 세종대왕은 즉위 초기 세금제도 개혁을 놓고 신하들의 거센 반발에 직면한 적이 있다. 토지와 관련된 전세(田稅)를 개혁하기 위해 새로운 세금제도를 도입하고자 했기 때문이다.

중앙에서 파견된 조사관이 풍흉의 정도를 파악해 세율을 정하는 기존의 손실답험법(損失踏驗法)으로는 세금이 제대로 걷히지 않았다. 토지를 조사하는 관리들의 성향에 따라 세금이 좌우되거나, 뇌물을 받고 낮은 세액을 책정해주는 경우도 있었기 때문이다.

세종은 공법이라는 새로운 제도를 통해 백성들에게 이중·삼중고를 안겼던 세금제도를 개혁하고자 했다. 토지의 비옥도와 지역별 일기에 따라 국가에서 정한 일정액을 내도록 하는 방식이었다.

그런데 세종은 이러한 세금제도 개편을 단기간에 무리하게 추진하지 않았다. 오히려 과거시험에 '공법의 개선책에 대해 논하라'고 출제해 의견을 들었다. 또 당시 조선 인구의 4분의 1가량인 17만여 명의 신민(臣民)을 대상으로 전국적인 여론조사를 실시하기도 했다.

결국 세종은 25년에 걸쳐 공법의 정당성과 올바른 제도 정립을 위해 지속적으로 의견을 수렴했다. 긴 시간에 걸쳐 논의에 논의를 거듭한 끝에 완성된 공법 체계는 이후 왕조의 기본 조세제도로 자리 잡아 조선 초기 발전의

선진 기업환경 조성

원동력이 되었다.

우리 사회에서도 일감 몰아주기 과세, 임원 보수 공개 등 경제민주화 관련 논란이 확산되고 있다. 지하경제 양성화, 비과세·감면 축소 등 조세 관련 논의들도 활발히 진행되고 있다.

하지만 조세 정책은 국민의 재산권과 기업경영에 직결된 문제인 만큼 신중하게 추진해야 한다. 정치적 잣대나 즉흥적인 아이디어로 밀어붙이게 되면 잦은 수정과 보완으로 누더기 세제가 되고, 오히려 더 큰 부작용을 낳을 수도 있다.

실제로 2012년 프랑스 정부가 연소득 100만 유로 이상 고소득층을 대상으로 최고 75%의 세율을 부과하는 무리한 조세 정책을 추진하자 부작용이 잇따랐다. 국적을 포기하고 해외로 떠난 부자와 기업인이 적지 않았다.

정책 결정 과정에서 사회적 합의의 중요성을 보여주는 단적인 사례다. 따라서 조세 정책은 시간이 걸리더라도 각계각층에서 다양한 의견을 수렴하고, 이를 심도 있게 논의하는 과정을 거쳐야 한다.

단기적으로는 경제 위기를 극복하고, 중장기적으로는 저출산·고령화에 대비할 수 있는 큰 틀의 조세 정책에 대한 논의가 필요한 시점이다.

기업들에도 조세 정책은 중요한 의미를 가진다. 기업이 더 적극적으로 투자하고 안정적으로 기업활동을 하기 위해서는 조세 감면, 인센티브 제공 등 정책적 지원이 필요하기 때문이다.

세계 각국은 경기 침체를 극복하고 성장 동력을 확충하기 위해 기업 친화적인 조세 정책을 추진하고 있다. 미국의 경우 본국으로 돌아오는 해외 진출 기업에 대해 이전 비용 세액공제(20%)를 신설했고, 중국도 최근 들어 기업들의 연구 개발에 대한 세제 지원을 대폭 강화하고 있다.

세계경제포럼(WEF)이 발표한 '2012국가경쟁력평가'에 따르면 우리나라는 전체 조사 대상 144개 국가 중 19위를 차지했다. 하지만 세부적으로 살펴보면 '조세의 범위와 효율성' 분야에서는 108위에 머물러 있다. 여전히 선진국에 비해 우리의 조세환경이 취약하고 개선이 필요하다는 의미다.

　우리 경제를 둘러싼 최근의 대내외 경제 여건은 결코 녹록지 않다. 잠재성장률은 3%대까지 추락했고 글로벌 경기는 회복이 지연되고 있다.

　이제부터라도 정부와 정치권이 충분한 사회적 논의를 통해 국민이 공감할 수 있고, 기업 활력을 제고할 수 있는 조세 정책을 고민해야 한다.

한국 경제 희망 찾기
RE DESIGN KOREA

집사광익(集思廣益).

여러 사람의 생각을 모아 이익을 극대화한다는 뜻이다.

세종대왕은 오랜 시간 철저한 준비와 민주적인 논의를

통해 정책을 수립하고 집행했다. 조세 정책을 비롯한

기업 정책도 이 같은 지혜가 필요하다.

하나의 생선을 이리저리 뒤집고,

이리 뜯고 저리 뜯으면 결국 먹을 게 없다.

고무신이라도 팔고 싶다는 기업들의 뜻을 헤아려

일관되고 조화로운 정책을 펴주길 바란다.

적을수록
좋고, 없으면
더 좋은 것
'규제'

적을수록 좋은 게 있다. 없으면 더 좋다. 바로 '규제'다. 사라지는 일자리, 떨어지는 기업 활력의 가장 큰 문제 중 하나는 규제다. 일을 벌이고 싶어도 하지 못하는 일들이 도처에 수두룩하다.

신사업을 벌이려 해도, M&A를 하려 해도 규제가 기업을 가로막고 있다. 물론 시장 실패를 보완하기 위해 꼭 필요한 규제도 있다. 환경 규제가 그렇다. 하지만 우리 주변엔 해도 너무할 정도로 규제가 많다.

새로운 아이디어나 제품이 '문 샷(Moon shot, 달 탐사선 발사에 비견될 만한 혁신적인 프로젝트)'은커녕 규제의 문턱 앞에 좌절하고 있는 상황이다.

세상은 변했고 정부가 모든 문제를 다루던 시대는 지나갔다. 참신한 아이디어와 상상력이 경쟁력을 좌우하는 시대다. 포지티브 규제를 네거티브 규제로 바꿔 경제 각 분야에서 다양한 일들이 벌어져야 한다.

규제 개혁은 경제 살리기의 시작이자 끝이다. 그리고 일하고 싶은 대한민국이 넘어야 할 가장 큰 산도 바로 규제다.

타이밍이 필요한 신산업, 규제는 소소익선

|

10년 전, 규제로 인해 몸살을 앓고 있던 영국에서 흥미로운 보고서가 발간됐다. 제목은 '규제, 적을수록 좋다(Regulation: Less is more)'였다. 기업의 발전과 성장을 저해하는 불필요한 규제는 최소화해야 한다는 게 요지였

다. 아울러 하나의 규제가 도입되면 하나의 규제를 없애는 '규제비용총량제'를 도입하자고 주장했다.

그때부터 영국은 변화하기 시작했다. 영국 정부는 2010년 규제비용총량제를 도입하더니 이젠 하나의 규제를 도입하면 2개의 규제를 없애는 정책을 시행하고 있다. 2015년에는 영국 금융감독청이 '규제 샌드박스제도'를 도입했다. 아이들이 모래밭에서 자유로이 뛰놀듯, 핀테크기업이 완화된 규제 아래 자유롭게 아이디어를 테스트할 수 있도록 완충지대를 만들었다.

기업가들은 한국에서 새로운 사업을 하는 것이 녹록지 않다고 말한다. 기업의 입장에서 기회란 곧 타이밍을 의미한다. 좋은 아이템이 있고 시장 수요가 존재하더라도 시기를 놓치면 아무런 소용이 없다. 한국에선 정해진 것만 허용하고 그 외에는 모두 금지하는 포지티브식 법 규정과 엄격한 사전 규제 때문에 신산업 진입 타이밍을 놓치기 일쑤라는 불만이 나온다.

요즘 우리 경제가 여러모로 어렵다. 내수가 좀처럼 살아나지 않고 있는 가운데 성장의 버팀목 역할을 해온 수출도 떨어지며 위기감이 고조되고 있다. 더욱이 중국의 성장 둔화, 미국의 금리 인상과 같은 대외 변수로 정부가 올해 목표로 삼고 있는 성장률 3% 달성이 불투명하다.

경제가 침체될수록 과감한 규제 개혁을 통해 기업하기 좋은 환경을 만들고 새로운 성장 동력을 확보하는 것이 중요하다. 그러나 곳곳에 암초처럼 있는 규제가 새로운 산업의 출현과 성장을 가로막고 있다.

최근 한 바이오기업은 장기간 대규모 연구비를 투입해 유전자 신약을 개발했으나 강화된 생명윤리법 때문에 출시 여부가 불투명한 상황이다. 세계 최초로 수소자동차 양산 체계를 구축하고도 수소충전소 설치 규제 때문에 상용화가 요원한 사례도 있다.

정부는 신재생에너지사업의 하나로 대용량에너지저장장치 보급에 힘쓰고 있지만 대형 건물에 비상발전기 설치를 의무화하는 소방법에서는 ESS(에너지저장장치)를 비상발전기로 인정하고 있지 않아 '엇박자 정책'이라는 빈축을 사고 있다.

세계가 인정하는 IT 강국 한국에서 금융과 IT가 융합

선진 기업환경 조성

된 핀테크는 정보보호 규제와 그물망식 금융 규제로 초기 수준에 머물고 있다. 지금은 소셜 네트워크 서비스(SNS)업체 페이스북(Facebook)이 잘 알려져 있지만 처음 국내에 소개될 때에는 미국식 싸이월드라고 소개된 적이 있었다. 페이스북보다 수년 먼저 SNS 개념의 서비스를 시작한 싸이월드가 세계적 기업으로 성장하지 못한 이유 중 하나가 인터넷 실명제 규제 때문이었다는 지적을 되새겨볼 필요가 있다.

현실은 급변하고 있는데 구시대적인 규제로 기업을 옥죈다면 민간의 혁신과 창의를 기대할 수 없다. 기술과 아이디어를 갖춘 스타트업기업이 양산되고 창조경제가 꽃피우기 위해 규제 프레임이 바뀌어야 한다.

협소한 법령 범위 내에서만 일을 벌이도록 제한하는 포지티브 규제는 네거티브 규제로, 새로운 사업을 벌이기도 전에 일일이 통제하는 사전 규제는 사후 규제로 바뀌어야 한다. 여러 법령과 관련 부처가 난마처럼 얽히고 설켜 사업 시도 자체를 포기하도록 하는 복합 규제, 덩어리 규제는 주무부처와 유관부처가 협의해 '원샷'으로 해결할 수 있도록 해야 한다.

아울러 낡거나 불필요한 규제는 존속기간과는 무관하게 철폐하고 새로운 규제로 비용이 발생하면 그에 상응하는 비용의 기존 규제를 없애거나 완화해야 할 것이다.

규제 완화를 우려하는 입장도 충분히 이해한다. 다만 기득권을 보호하거나 가보지 않은 길에 대한 막연한 불안으로 규제를 유지하거나 새로운 규제를 양산해서는 안 된다. 신산업 규제는 적을수록 좋은 '소소익선(少少益善)'이다.

규정 없어 사업 못 하는 '무규제의 역설' 깨야

|

자동차·항공산업에 다이어트 열풍이 불고 있다. 무게를 줄이는 동시에 안전성과 연비를 높이자는 아이디어다. 그 중심에 '탄소섬유'가 있다. 철(鐵)이라는 군살은 쏙 빼고 탄소섬유라는 튼튼한 강골을 유지하면 가능해진다. 무게는 철의 4분의 1, 강도는 10배라 한다. 140여 년

전 에디슨이 대나무를 탄화시킨 필라멘트에서 아이디어를 얻어 아크릴섬유를 탄화시켜 만들어낸 것이 탄소섬유다. 지금은 의족, 악기, 노트북케이스부터 우주항공, 방위산업, 건축까지 널리 응용되고 있다.

꿈의 신소재라지만 우리의 제도는 아직 미흡하다. 전라북도 완주에 공장을 둔 한 소재기업은 CNG(압축천연가스) 운반 용기를 탄소섬유로 만들어 가볍고 더 안전한 제품을 출시하려 했지만 이내 사업화가 어렵다는 것을 깨달았다. 운반 용기의 재질을 정해놓은 규정에 '강철'만 있고 '탄소섬유'는 없었기 때문이다. 규정이 없어 사업을 할 수 없다는 것이다.

그러나 일본의 사례는 다르다. 1971년 일본에서 세계 최초로 탄소섬유가 양산됐지만 '돈 먹는 벌레' 취급을 받은 적이 있었다. 복잡한 공정으로 가성비가 떨어진다는 이유에서다. 하지만 일본 정부는 이때부터 탄소섬유 육성에 들어가 현재 세계시장의 70%를 장악하고 있다.

'무(無)규제의 역설'의 상당수는 포지티브 규제 틀 때문에 발생한다. '정해진 것만 하도록' 해놓았기 때문에 새로운 아이디어가 있어도 사업화가 어렵다. 그렇기 때문에 규제 개혁 선진국이라는 미국, 영국에 이어 중국도 '정해진 것 빼고 다 할 수 있는' 네거티브 규제 틀로 바꿨다. 신시장 선점 경쟁에서 우리는 출발선부터 뒤처져 있다는 얘기일 수 있다.

다행히도 지난 2015년 정부가 무규제의 역설을 깰 만한 의미 있는 발표를 했다. 산업통상자원부는 '네거티브 방식의 규제심사'를 통해 신산업 투자 애로로 접수된 모든 규제를 원칙적으로 개선하겠다고 했다. 제도 공백으로 인한 투자 애로를 메워주겠다는 것이다. 또 신제품의 빠른 출시를 위해 시장 진입 패스트트랙을 구축하겠다고 한다.

앞서도 말했듯이 규제 개선은 경제 살리기의 시작과 끝이다. 정권이 바뀐다고 해서 폐기하거나 바꿔서는 안 되는 절대적인 원칙이다. 의미 있는 규제 개선 방안이 나온 지금 바로 정부와 국회, 경제계가 머리를 맞대 무규제의 역설을 깨야 한다. 그래야 기업은 투자를 하고 국민들은 일을 할 수 있다.

규제 개혁, 이제 실천이다

|

한국 경제의 활력이 잦아들어간다. 석유화학, 철강 등 주력 산업은 50년이 다 돼가고 내수는 악화일로다. 마땅한 신성장 동력도 보이지 않는다. 엔저, 정부 지원을 등에 업은 경쟁국은 우리 텃밭을 야금야금 좀먹어온다. 이대로 가면 일본식 장기 침체마저 우려된다. 결국 체질 개선과 혁신을 통해 생산성을 높여야 하며, 이를 위한 핵심키는 규제 개혁에 달려 있다.

다행히 최근 들어 규제 완화를 위한 움직임이 많았고 실제 머잖아 그 효력을 발휘할 것으로 기대된다. 정부 차원의 규제 개혁 회의에서 규제 신설 시 그에 상응하는 기존 규제를 폐지하는 비용총량제 대상에 의원입법을 포함하고, 규제를 신설할 땐 사전 예고와 법제처 검토를 반드시 거치도록 했다. 규제신문고를 법제화해 불합리한 규제에 대한 국민의 개선청구권도 보장했다. 토지 이용과 건축, 인터넷경제, 농업 등 국토 개발, 신시장 창출과 밀접한 규제 개선도 추진한다. 시스템 개편과 경제 활성화에 필요한 규제 개혁 방안이 포함된 만큼 계획대로 되면 큰 효과가 기대된다.

이제 중요한 것은 실천이다. 세상사가 다 그렇지만 규제 개혁은 정부 혼자서 할 수 없다. 규제는 법, 시행령, 지침, 내규 등 행정규칙 곳곳에 숨어 있고 자의적 판단, 보이지 않는 관행도 작용한다. 위에서 아무리 압력을 가해도 실제적 권한을 행사하는 공무원과 공직사회가 움직이지 않으면 실천은 요원하다.

12척의 배로 적선 330척을 물리친 명량해전의 기적적 승리는 이순신 장군이 앞서고 부하와 백성들이 믿고 따른 결과이다. 규제 개혁도 모두가 동참하고 나부터 나서야 들불처럼 번질 수 있다.

물론 규제 개혁은 버겁다. 고려할 일도 많다. 정부부처는 해결 가능한 방안을 적극 찾아야 한다. 건의사항은 행정편의가 아닌 수요자 입장에서 검토하고, 어려운 과제는 유연한 해석, 대안 제시 등 새로운 노력을 가해야 한다. 개선 과제도 제대로 작동하는지 끝까지 점검할 필요가 있다. 기득권층의 반발이 심한 분야는 신념을 갖고 협력을 통해 풀어나가야 한다.

국회도 경제 살리기 행보를 같이 해줘야 한다. 정책은 타이밍이 중요하다. 부동산, 조세 등 파급 효과가 큰 과제는 대부분 법을 고쳐야 하는 사안이다. 경제법안은 제때 통과돼야 시장의 수요에 맞춰 효과적으로 나가지, 하세월로 묵히면 시행해도 소용이 없다. 정치적 입장이 다르더라도 국익 차원에서 경제 살리기에 관련된 법은 꼭 필요하다. 또 내수 활성화에 필요한 의료, 관광, 교육산업의 육성 발전에도 국회의 전폭적 지원이 필요하다.

규제 개혁은 국민의 지지가 선행돼야 국회와 이해집단을 설득해 합의를 이끌어낼 수 있다. 국민이 규제 완화의 효과를 피부로 느끼게 해야 한다. 그렇게 하려면 규제개선의 수혜자인 기업이 좀 더 과감히 나서야 한다. 투자 활성화와 일자리 창출에 나서고 국민 건강을 비롯한 환경, 안전, 위생을 더욱 철저히 지켜야 한다.

기업은 달리고 싶다.

그런데 도로가 비포장이다.

갖가지 방지턱에 속도제한도 다반사다.

한 치 앞도 볼 수 없는 비바람은 몰아쳐 오지만

넘어야 할 방지턱은 갈수록 높아져만 간다.

결국 기업은 멈춰 서고 만다.

'이런 일만 하세요'라는 포지티브 규제를

'다 되지만 요것만 안 돼요'라는

네거티브로의 전환이 시급하다.

그래야만 기업은 달릴 수 있다.

경제 살릴
레시피를
부탁해

"불확실성 먹구름이 몰려온다."

2017년 국내 산업 기상도는 역시나 '흐림'으로 예보됐다. 대선을 비롯한 국내 정치의 불확실성, 하방 압박에 직면한 중국 경기, 미국 금리 인상과 후폭풍, 보호무역주의 확산 등 네 가지 먹구름이 대한민국을 뒤덮을 전망이다.

기업경기전망지수, 소비심리지수를 비롯한 각종 전망치도 환란 이후 최저치를 연일 경신하고 있다. 안으로도 밖으로도 잔뜩 찌뿌린 날씨 속에 걱정만 쌓여간다.

연일 흐린 날씨 속에 기업들은 좀처럼 투자를 늘리지 않고, 가계는 지갑은 비었고 통장에는 빚만 가득하다. 정부는 경제를 살리기 위해 갖가지 처방을 내놓고 있지만 백약이 무효하다.

안드레이 란코프 국민대 교수는 "올 한 해 수년간 본 적 없는 강력한 쓰나미가 올 수 있다"라는 경고까지 했다. 기업들은 이제 살아남기 위한 전쟁을 벌여야 한다.

그런데 과연 우리는 무엇을 들고 싸울 것인가? 쏟아지는 반기업 정책에 과연 무기는 있는가. 그보다 과연 싸울 의지는 있는가.

경제는 심리다. 그런데 우리는 이미 글로벌 경제전장에서 싸울 의지를 잃어가고 있다. 소비심리 회복, 경제 활성화로 가는 첫 관문이자 최종 관문이다. 심리가 살아야 경제는 순환한다. 경제심리를 살릴 레시피가 절실하다.

일할 맛은 '불'과 '간'에 달렸다

|

  예전에는 맛있는 음식을 먹기 위해선 맛집을 찾아가거
나 아내에게 부탁하면 됐다. 하지만 '먹방'을 넘어 '쿡방'
이 대세고(철이 조금 지났지만) 남자도 요리 한두 개는
해야 하는 시대다. 마냥 주문만 해서는 마음이 편치 않
다. '차줌마'가 섬마을 아궁이에서 식빵을 구워내고 '백
선생'이 집밥을 뚝딱 만들어내는 것을 보면 '나도 한번
해봐' 하는 용기도 생겨난다.

  쿡방이 대세로 자리 잡으며 남자가 요리하는 모습은
이제 흔한 모습이 됐다. 독신남부터 중장년 남성까지 요
리에 손을 담그고 있다. 각박한 세상에 맛있는 요리와
음식은 대리만족을 주고 함께 나누는 이야기는 울림이
된다.

  요즘 우리 경제는 내우외환에 시름이 깊다. 내수 회복
은 미약하고 세계 경기 침체로 수출마저 흔들리는 어려
움에 처해 있다. 어떤 악조건에서도 음식을 만들어내는
쿡방에서 한국 경제를 살릴 조리법을 찾아보는 것도 의

미가 있겠다.

요리는 식재료에 대한 신뢰가 우선이다. '백선생'은 방송에서 "무슨 요리를 하든 원재료에 대한 믿음을 갖고 시작해야 한다"라고 말했다. 경제에서 주된 재료는 기업과 사람이다. 기업은 사업을 일구고 사람은 근로와 소비에 기여한다. 기업과 사람에 대한 믿음과 신뢰가 있어야만 대한민국 경제는 살맛이 난다.

맛을 살리려면 간을 잘 맞춰야 한다. 경제로 치면 제재와 지원이다. 기초 여건이 부족한 신산업이나 스타트업에 대해서는 기반을 마련해줘야 한다. 기반이 형성되면 직접적인 개입은 줄이면서 투자·고용·수출 등 바람직한 행동을 북돋는 인센티브를 강화해야 한다. 그래야 자원이 생산적인 부문으로 흘러갈 수 있다.

엄정한 법질서 확립과 시장 교란 행위에 대한 제재로 성장 사다리, 건강한 생태계가 작동하게 하는 것도 소홀히 해서는 안 된다. 음식은 정성이고 손맛에 따라 달라지듯이 경제 정책도 시대 상황, 기업현장에 맞는 정책을 적절히 조합하는 것이 필요하다.

불 조절도 중요하다. 곰탕처럼 푹 고아야 하는 음식이 있는가 하면 라면처럼 살짝 덜 익혀야 꼬들꼬들한 식감을 제대로 살릴 수 있는 요리가 있다. 전기밥솥의 등장으로 거의 사라졌지만 원래 밥 짓기는 불 조절이 녹록지 않다. 자칫하면 아랫부분은 타고 윗부분은 설익는 삼층밥이 되고는 한다. 정책에도 타이밍이 존재한다. 시장은 애가 타는데 늦장 대처를 한다든지 호황인데 부양책을 내서는 곤란하다.

더욱이 경제 정책은 실행되고 효과가 나타나기까지 시차가 존재한다. 일반적으로 재정 정책은 시차가 짧고 통화 정책은 길며 다른 정책들도 각각 시차를 갖고 있다. 당국은 정책의 우선순위와 시차를 잘 고려해 효과를 극대화해야 할 것이다.

콩 한 쪽도 나눠 먹어야 한다는 말처럼 우리는 고통과 어려움을 나누며 살아왔다. 큰일을 치를 때는 두레라고 해 음식도 같이 만들었다. 우리 경제는 배곯던 시대를 지나 맛을 음미하고 독창성을 발휘해야 할 시기에 다다랐다.

복작거리는 세계시장에서 살아남으려면 제품과 서비스가 특별하다는 것을 확실히 심어줘야 한다. 민관이 힘을 합쳐야 가능한 일이다.

추석 비에도 보은 아가씨 시집보내려면

추석 경기를 나타내는 두 속담이 있다. 하나는 흔히 쓰는 '더도 덜도 말고 한가위만 같아라'다. 추석은 오곡백과가 무르익는 만큼 모든 것이 풍성하다. 즐거운 놀이도 많아 남녀노소 모두가 즐겁고 풍요롭다.

반대로 충북 보은군에서 유래한 '보은 아가씨 추석 비에 운다'는 어려운 추석 경기를 나타내는 말이다. 보은군은 예부터 대추나무로 이름났다. 대추나무는 삼복 중에 수정을 하는데 추석 무렵에 비가 내리면 열매가 영글지 못한다. 그래서 추석 비에 대추 농사가 흉년이 들면 혼수를 장만하지 못한 보은 아가씨가 시집가기 힘들어 눈물을 흘렸다고 한다.

요즘 경제가 어렵다. 외환 위기 후 최악인 상황이다. 수출은 부진하고, 내수시장은 위축됐다. 그나마 경기를 떠받치던 부동산도 기세가 한풀 꺾였다. 세계 경기도 통화 확장 정책도 미국을 제외하곤 여전히 먹구름이 가시지 않고 있다. 유럽과 중국·일본 등의 경기가 좀체 살아나지 않고 있는 것이다.

유럽의 한 연구소에 따르면 50 미만이면 경기 위축을 나타내는 제조업·서비스업 복합 구매관리자지수(PMI)가 2012년 9월 기준으로 유로존이 45.9로 잠정 집계됐다고 밝혔다. 중국도 47.8에 그쳤다. 미국은 51.4로 간신히 기준치를 넘겼으나 전년 동기보다 0.7포인트 하락했다.

대한민국 전역에 호우경보가 예고된 상황이다. 보은 아가씨의 혼삿길이 1년 내내 막힐지 모르는데 서글픈 보은 아가씨를 위한 길은 없을까? 추석 속담으로 이야기를 시작했으니 해답도 우리 민족 고유의 민속놀이에서 찾아보도록 하자.

먼저 국민은 구성진 가락에 맞춰 한바탕 강강술래를

펼쳐보자. 경제는 심리라고 한다. 춥다 춥다 하면 정말 추워진다. 자기실현적 예언이란 말이 있다. 모든 경제주체가 경제에 비관적 심리를 갖게 되면 실제 경기가 나빠진다는 뜻이다. 노벨 경제학상을 받은 대니얼 카너먼도 "경제를 움직이게 하기 위해서는 가계와 기업의 심리를 움직여야 한다"라고 말했다.

왁자지껄 신명 나게 노는 것이 구름 낀 경기 사이로 보름달을 띄우는 길이고, 움츠러든 어깨를 펴 신바람문화를 되살리는 것이 경기에 활력을 불어넣는 길이다.

정부와 기업은 거북놀이를 벌여보자. 거북놀이는 수수잎으로 거북 모양을 만들어 쓰고 집집마다 돌아다니며 노는 놀이다. 우선 정부는 세계 경제 둔화라는 폭우가 기업에 미치지 않도록 수수 잎을 만들어야 한다. 각종 규제나 불합리한 세제, 경직적인 노동 규제를 완화해 기업이 일자리라는 선물을 집집마다 배달할 수 있도록 길을 닦아야 한다. 기업도 비가 온다고 처마 밑에 숨지 말고 투자를 늘리고 청년층에게 일자리를 주어 거북놀이 행렬을 키워야 한다.

정치권은 줄다리기나 소싸움 같은 승패를 가르는 놀이를 자제해야 한다. 줄다리기는 이기는 편에 풍년과 안녕이 깃든다는 것인데 지금은 누구도 패하지 않고 모두가 승리하도록 서로를 손잡게 만들어야 할 때다.

편 가르기식 이념 논쟁을 자제하고 과도한 패권게임을 삼가야 한다. 정치권은 놀이의 주체가 되는 대신 연출가의 역할을 맡아 국민과 기업 모두의 흥을 돋우도록 가락과 무대를 준비하는 데 힘써야 한다.

기업도 '골프 대디'가 필요하다

|

"전 세계에서 가장 뛰어난 골프 가문은 김씨와 이씨다."

몇 년 전 한국 여성 골퍼들의 활약을 빗대어 서양 골프 기자들이 한 우스갯소리다. 영 틀린 말은 아닌 듯하다. 미국 LPGA 랭킹 100위 안에 김씨와 이씨 성을 가진 한국인 선수가 15명이나 되니 말이다.

세계 무대 진출 시기를 감안하면 한국 여성 골퍼의 활약상은 더 놀랍다. 한국여성프로골프협회(KLPGA)가 미국·일본보다 20년 이상 늦은 1988년 설립됐고, 세계 무대 진출이 본격화한 것도 98년 박세리 선수가 등장하면서부터다.

그 후 15년 만에 김미현·유소연·신지애·박인비 등 세계적인 여성 골퍼가 배출돼 LPGA 신인상을 8명이나 차지했다. 그리고 LPGA 랭킹 100위 안에 38명, 500위 안에 144명의 한국 선수가 포함돼 있다.

이제 한국은 명실공히 여성 골프 강국으로 부상했다. 그런데 여성 골프의 세계적 위상에 비해 우리 기업은 규모나 숫자에서 아직 세계 무대를 주름잡을 정도의 활약상을 보여주지 못하고 있어 경제인으로서 안타깝다.

포춘 500대 기업 중 한국 기업은 13개에 불과하다. 이마저도 10여 년 동안 제자리걸음이다. 특히 우리 경제가 저성장 시대에 들어서고 있어 단기간에 세계적 기업이 나오기도 어려운 상황이다.

새로운 아이디어와 기술을 활용한 창업을 활성화하고

세계적인 강소기업을 집중 육성해나가는 것이 절실하다. 이런 점에서 단기간에 세계 무대를 평정한 한국 여성 골프계의 놀라운 성장 비결에서 창업 활성화와 강소기업 육성이라는 시대적 과제에 대한 해법을 찾아볼 수 있을 것이다.

먼저 공정하고 엄정한 룰이 적용돼야 한다. 짧은 시간 동안 골프 강국이 될 수 있었던 가장 큰 이유는 분명 선수들의 열정과 노력이 있었기 때문일 것이다. 우승 상금, 홀인원 부상과 같이 골프가 가져다주는 보상이 동기 부여가 된 측면이 있다. 그러나 경미한 룰 위반에도 누구에게나 엄격한 규칙을 적용하는 게임문화가 선수들에게 누구든지 실력으로 성공할 수 있다는 믿음을 주고 더 많은 노력과 도전을 이끌어낼 수 있었다고 본다.

이처럼 공정한 경쟁이 가능한 거래문화를 만들어준다면 우리 중소기업도 열심히 일한 만큼 얻을 수 있다는 생각으로 경쟁력 강화에 노력하고 새로운 사업에 과감하게 도전할 수 있을 것이다.

아낌없는 투자와 지원이 필요하다. 한국 여성 골프는

대한민국은 일하고 싶다

'골프 대디'라는 한국만의 특별한 성공 요인이 있다. 부모의 집중적인 투자와 집념, 그리고 희생이 여성 골퍼를 성공으로 이끌었다.

후원기업의 존재도 물질적·정신적으로 안정감을 주는 밑거름이 됐다. 정부는 세계적인 경쟁력을 갖춘 중소·중견기업 육성을 위한 월드클래스 300 프로젝트, 강소기업 육성사업 등을 추진하고 있다.

하지만 많은 기업이 자금·기술·인력과 판로 개척에서 어려움을 겪고 있는 것이 현실이다. 정부는 골프 대디이자 후원자로서 연구 개발(R&D), 인력 확보, 국제화 등을 위한 지원을 더 강화해야 한다. 기업 경쟁력을 강화하는 방향으로 세제·규제·노동제도를 개선해 기업이 경제활동에 전념할 수 있도록 해줘야 한다.

격려와 관심도 필요하다. 선수들이 좋은 성적을 내고 유망주들이 끊임없이 나오고 있는 것은 팬들의 성원과 관심이 있었기 때문이다. 대중의 관심이 늘면서 골프에 대한 부정적 인식도 바뀌었다. 또 기업의 스폰서십이 늘고 골프연습장과 스크린골프장 등 관련 시설이 급증하면서 한국 여자 골프 발전이 더 가속화될 수 있었다.

　반면 기업환경은 불확실성 확대, 치열한 경쟁, 사업 기회 부족 등으로 기업가정신이 약화하고 있다. 기업가정신을 근간으로 기업활동이 활발해져야 강력한 리더십과 혁신을 통한 강소기업도 늘어날 수 있다. 기업을 격려하는 사회적 분위기도 만들어져야 한다.

밥맛이 없다.
밥을 먹고 싶지 않다. 밥을 하기는 더 싫다.
아무것도 하고 싶지 않다.
바로 대한민국의 현재 상황이다.

불이 세면 탄다.
거친 바람을 막지 못하면 불은 꺼진다.
양념이 과하면 짜다. 먹기 싫다고 안 먹으면
굶어 죽는다. 그렇게 냄비 속 대한민국은 타들고,
국민과 기업은 말라가고 있다. 국민과 기업을 살릴
레시피, 요리사가 절실한 대한민국이다.

PART 2

기업이 바로 서야
나라가 선다

기업의
사회적
역할

잃어버린
태양은
일자리
너머로 뜬다

청년들이 겪는 실업의 고통은 처절하다. 대학가에는 장미족(장기간 미취업자), 청백전(청년백수 전성시대), 삼일절(31세까지 취업 못 하면 끝장) 등의 자조적인 신조어가 생겨났다. 청년 대부분이 졸업 후 실업자나 신용불량자가 된다는 뜻의 청년실신, 연애와 결혼, 출산 세 가지를 포기한 청년층을 일컫는 삼포 세대라는 말도 생겨났다.

청춘이라고 마냥 참고 견딜 순 없다. 브라질의 고성장

과 사회 통합을 이끈 룰라 전 대통령은 "젊은이들은 많은 걸 바라지 않는다. 희망·자존심·일자리를 원한다. 젊은이들은 좌파든 우파든 상관하지 않는다"라고 말했다. 유럽의 1000유로 세대나 우리의 88만 원 세대가 바라는 것도 다르지 않다. 그들이 원하는 건 공짜로 주어지는 복지가 아니라 희망을 갖고 일할 수 있는 직장이다.

희망도 젊음도 사라지는 우리 청년에게 일자리를 줘야 한다. 그리고 그 일자리의 시작과 끝은 바로 기업에 있다.

밀라노의 그림자 '밀레우리스티'

|

이탈리아 북부의 밀라노에는 빛과 그림자가 공존한다. 세계를 주름잡는 명품 매장과 두오모 대성당은 눈이 부실 만큼 화려하다.

그러나 그 화려함 뒤 어둠 속에 몸부림치는 사람들이 있다. 바로 밀레우리스티(Milleuristi)다. 밀레우리스티는

'1000유로로 사는 사람들'이란 뜻이다. 한 달에 1000유로, 우리 돈으로 150만 원가량의 소득으로 살아가는 이탈리아 젊은이를 가리킨다.

밀레우리스티는 우리나라에서도 번역돼 나온 『천 유로 세대』에 나오는 말이다. 이 책은 밀라노를 배경으로 소설 속 주인공들이 정규직 일자리를 찾아 헤매거나 임시직과 아르바이트를 전전하며 근근이 생활을 이어간다는 내용을 담고 있다. 이 시대 젊은 세대의 좌절을 그린 이 소설은 이탈리아는 물론 유럽 각국에서 선풍적 인기와 공감을 받았다.

2010년대 초 포르투갈 리스본에서부터 스페인 마드리드, 프랑스 파리, 그리스 아테네, 영국 런던 등지에서 유럽의 젊은이들이 광장을 점거하고 대규모 시위를 벌인 것도 일자리를 구하지 못한 데 따른 좌절과 분노가 폭발했기 때문이다.

유럽연합 통계청에 따르면 2011년 7월 기준으로 이탈리아의 청년 실업률이 27.8%, EU 전체로는 20.8%였다. 특히 스페인과 그리스의 청년 실업률은 각각 47.3%와

43.5%에 달해 우스갯말 그대로 '이태백(20대 태반이 백수)'이었다.

우리나라 사정도 유럽과 진배없다. 통계청이 발표하는 공식 청년 실업률은 6%대 초반이다. 그러나 최근 한국개발연구원이 취업 의사를 먼저 묻는 방식으로 조사해보니 잠재적 청년 실업률이 21%나 됐다고 한다. 기업 공채나 자격증, 공무원시험을 준비하고 있는 사람까지 실업자로 분류하는 것이 적절해 보이지는 않지만, 일을 하지 않는 젊은이가 그만큼 많다는 뜻이다.

최근 선거에서 20~30대가 보인 표심 또한 일자리를 충분히 만들어내지 못한 기성세대에 대한 불만의 표시가 아닌가 한다.

총선을 치르고, 또 대선을 앞둔 가운데 정치권에서는 연일 복지가 최대 이슈로 부각되고 있다. 그러나 일부 유럽 국가에서 살펴봐야 할 점은 바로 무리한 복지 정책이 기존 일자리를 줄였다는 점이다. 나눠먹기식이나 퍼주기식 복지는 해답이 될 수 없다는 교훈이다.

지속 가능한 복지는 결국 일자리에서 찾아야 한다. 최

고의 복지 국가인 스웨덴도 '하고 싶은 일을 하게 하는 것'을 핵심적인 복지 정책 원리의 하나로 삼고 있다는 점을 명심해야 한다.

그리스와 같이 공무원 숫자를 늘려 일자리를 만드는 것은 윗돌 빼서 아랫돌 괴는 대책에 불과하다. 일자리는 기업이 만들어야 한다. 기업이 더 많은 일자리를 만들게 하려면 결국 기본으로 돌아가 기업하기 좋은 환경을 만들 수밖에 없다.

경제계가 규제 완화를 주창하는 이유는 기업하기 좋은 환경을 만들자는 뜻에서다. 기업이 투자를 늘리고 새로운 사업에 활발히 진출할 때 고용과 세수가 늘어나는 선순환 구조가 가능하기 때문이다. 고임금을 받는 철밥통 근로자를 보호하자고 청년들이 비정규직으로 전전하거나 실업을 겪게 할 수는 없다.

기업도 사회적 책임에 더욱 관심을 가져야 한다. 기업은 주주나 직원만으로 존속할 수 없다. 소비자와 협력업체, 지역주민에 이르기까지 다양한 이해관계자를 함께 배려해야 한다. 고액 배당이나 과도한 임금 인상과 같이

기업이 바로 서야 나라가 선다

국민의 눈총을 받는 내부 잔치를 자제하고 일자리 만들기에 더 힘써야 할 것이다.

'잃어버린 세대'에게 태양이 떠오르게 하려면

|

우리나라뿐만 아니라 유럽도 청년 실업이 심각한 사회 문제가 되고 있다. 유럽연합(EU) 통계청에 따르면 2012년 8월 기준 유로존 17개국의 청년 실업률이 22.6%에 이른다.

스페인에서는 한 달에 1000유로(약 144만 원)의 빠듯한 소득으로 사는 젊은이를 '밀레우리스타(Milleurista)'라고 한다. 그런데 이마저 벌지 못하는 사람은 '밀레우리스타조차도 아니다'라는 뜻의 '니밀레우리스타(Nimilleurista)'라고 부른다. 그리스에서도 '592유로 세대'라는 신조어가 생겨났다.

수많은 유럽의 젊은이가 일자리도 희망도 없는 '잃어버린 세대(Lost generation)'로 전락했다. 잃어버린 세대란 말은 EU에 앞서 노벨상을 받은 어니스트 헤밍웨이의 소설에서 유래한다. 헤밍웨이의 1926년작 『태양은 다시 떠오른다』의 첫 부분에 "당신들은 모두 잃어버린 세대입니다"라고 했다. 이 소설은 1차 세계대전 후 삶의 좌표를 잃고 무의미하게 살아가는 젊은이들의 삶에 대해 얘기한다.

지금 유럽에서 일자리를 찾지 못해 좌절하거나 형편이 나은 이웃나라, 심지어 옛 식민지 국가로 일자리를 찾아 떠나는 젊은이들은 헤밍웨이가 소설 속에서 그린 잃어버린 세대의 데자뷔라고 하겠다.

우리나라의 경우 청년 실업률이 7% 내외지만 실제 일하고 있는 청년은 40% 정도에 그치고 있다. 이 때문에 대선을 앞둔 각 후보 진영에서는 최근 장밋빛 청년 일자리 공약을 내놓고 있다. 그중에는 대기업에 청년 의무고용 비율을 할당하는 대책까지 포함돼 있다. 얼마나 절실하면 이런 방안까지 나올까 싶기도 하지만 걱정이 앞서는 것도 사실이다.

청년 실업의 가장 확실한 해법은 중소기업에 있다. 지

금 청년들에게 외면받고 있지만 중소기업은 일자리의 보고다.

유럽에서도 청년 실업률이 낮은 독일, 네덜란드 등은 젊은이들이 중소기업 취업을 기피하지 않는다. 오히려 중소기업에 가면 많이 배울 수 있고 성취감을 느낄 수 있다고 생각한다. 이들이 이렇게 인식하는 바탕에는 대기업과 중소기업의 임금 차이가 크지 않다는 점도 중요하게 작용한다.

우리나라에서도 유능한 청년들이 중소기업에 가도록 하려면 대기업의 64%에 불과한 중소기업의 임금 수준이 높아져야 한다. 이는 중소기업 스스로의 노력이 필요한 일이지만 대기업이나 금융기관의 지나친 고임금도 자제돼야 한다. 대·중소기업 간 상생협력을 더욱 긴밀하게 해 안정성과 성장성을 갖춘 중소기업이 많이 나와야 함은 물론이다.

한때 대기업이 중소기업 인력을 채용하면 중소기업에 이적료를 지급하자는 논의가 있었다. 흥미로운 발상이지만 중소기업을 영원한 약자로 보는 시각에서 비롯된 게 아닌가 한다. 내일이 오늘과 다른 날이어야 하듯 우리 중소기업의 내일도 오늘과 달라져야 한다. 그리하여 내일은 중소기업이 '잃어버린 세대'인 우리 청년들을 밝혀주는 태양이 되기를 기대한다.

꽉 막힌 청년 일자리 고속 해법 내놔야

청년 실업난이 갈수록 심해지고 있다. 청년 실업률은 2016년 10% 내외의 고공행진을 지속해 취업 자체를 포기하는 청년들이 늘고 있다. 우리나라의 구직 단념자 수는 2016년 1월 51만 명에서 58만 명으로 늘었다.

미래의 주역인 청년들이 연애·결혼·출산·인간관계·집을 포기했다는 '오포 세대'를 넘어 꿈과 희망까지 잃는 '칠포 세대'로 불리는 현실이다.

청년 실업의 근본적인 원인은 경기 불황 같은 경제 문제라기보다는 학벌중시사회의 초(超)고학력사회가 빚어낸 수급 불균형의 문제다.

1990년까지만 해도 20만 명이던 대학 진학자 수는 1996년 정원자율화로 27만 명으로 늘었고 2016년 34만 명을 넘어섰다. 반면 대학 진학 대신 취업전선에 뛰어든 고졸자 수는 1990년 26만 명에서 1996년 22만 명, 2016년에는 6만 명 수준으로 급감했다.

더욱 큰 문제는 이 같은 수급 불균형이 향후 몇 년간 계속될 것이라는 점이다. 70%가 넘는 대학 진학률을 기록했던 11~14학번 세대들이 내년부터 33만 명(2016년 기준)씩 사회로 배출되는 가운데 정년 연장 시행(대기업 2016년·중소기업 2017년부터)으로 신규채용은 더 줄어들 가능성이 크다.

대한상공회의소는 이 같은 전망을 토대로 청년 실업률을 추산한 결과 2017년 청년 실업률은 외환 위기 이후 가장 높은 10.2%, 2018년 9.9% 등 10% 내외의 고공행진을 이어갈 것이라고 전망했다. 휴가철 고속도로만큼 도무지 풀리지 않는 청년 일자리 문제를 해결하기 위한 대책은 무엇일까.

우선 병목 현상을 초래하는 대학 진학 목적의 조기교

육 대신 취업을 포함한 선진국형 조기진로지도가 필요하다. 이제는 '대학 진학=좋은 일자리' 등식이 무조건 성립하는 건 아니다. 학생들이 대학 진학 외에 일찍부터 자신의 적성과 능력에 맞는 일자리를 찾을 수 있도록 다양한 진로를 제시해야 한다. 실제로 스위스나 독일 같은 유럽 국가에서는 고등학교 졸업자의 절반 이상이 사회에 바로 진출해 대학 진학률은 낮지만 청년 고용률은 한국보다 높다고 한다.

아울러 정년 연장으로 줄어든 일자리에 대한 대책도 요구된다. 정년을 앞둔 제조업 근로자 1인의 인건비가 신입직원 3명의 인건비와 맞먹는 상황에서 정년 연장에 따른 고임금 근로자의 은퇴 지연은 신규채용 위축으로 이어질 수밖에 없다. 임금피크제를 조기에 정착시켜 정년 연장의 문제점을 보완하는 것이 시급하다.

규제 개혁을 통한 일자리 창출도 관심을 기울여야 한다. 지금 같은 저성장의 '뉴노멀' 시대에 기업들이 새로운 사업 기회를 찾기가 여간 힘든 게 아니다. 서비스산업 등에서 규제를 개혁하고 기업들이 새로운 사업을 많이 벌일 수 있도록 해 일자리 자체를 늘려야 한다.

기존 기업이 창출하는 일자리만으로는 한계가 있으므로 청년 창업 활성화가 중요하다. 하지만 창업 실패에 대한 두려움은 패기만으로 극복하기에 버거운 것이 현실이다. 현재 까다로운 요건 때문에 창업자 연대보증을 면제받는 수혜자가 5%도 안 되는 만큼 더 많은 청년들이 혜택을 받을 수 있도록 개선이 필요하다.

휴가철 고속도로 정체는 시간이 지나면 자연스레 풀린다. 운전자에게 필요한 것은 약간의 인내심이다. 정 힘들면 휴게소에서 잠시 쉬면 된다. 하지만 취업난에 허덕이는 청년들에게 더 이상의 끈기와 여유를 바랄 수는 없다.

현재 청년 일자리 문제는 대졸자 과잉 공급, 정년 연장 시행 등이 복합적으로 맞물려 있어 경제적 해법만으로는 부족하다. 기성세대들이 결자해지(結者解之)의 자세로 교육·노동 측면에서 근본적인 해법을 제시해야 한다.

한국 경제 희망 찾기
RE DESIGN KOREA

국민들이 기업에게
가장 바라는 건 일자리 창출이다.
대한상공회의소 조사에서도
국민들은 기업의 사회적 역할에 대해 일자리
창출을 첫손에 꼽았다. 최근 이슈가 되는
윤리경영도 다음의 문제다.

실업의 고통에 처절히 몸부림치는 대한민국
청년에게 아프니까 참으라는 말 대신, 노력하라는
위로 대신, 기업이 나서서 일자리를 안겨주자.
젊은이의 잃어버린 태양은 일자리 너머에 있다.

병든 기업문화,
직장살이는
즐거워야 한다

국내 기업 조직건강도에 적신호가 켜졌다. 국내 기업 조직건강도는 글로벌기업에 견줘 약체였다. 중견기업 대다수는 약세를 넘어 허약, 그 자체였다.

대한상의가 국내 기업 100개사, 4만여 명 임직원을 대상으로 조직건강도와 기업문화를 종합진단한 결과다. 병들어가는 조직건강의 원인은 후진적 기업문화에 있다. 상습적인 야근과 상명하복식 업무지시, 비합리적인 평가시스템으로 기업은 골병이 들고 있다.

실제 우리나라는 주 5일 가운데 평균 2.3일을 야근한다. 공식적 통계는 없지만 세계 최고 수준임에는 두말할 나위 없다. 여기에 비효율적 회의에다 과도한 보고, 소통 없는 일방적 업무지시까지 가해지니 살아 있는 게 신기할 정도다. 야근을 많이 할수록 업무시간 성과는 오히려 떨어진다. 이를 두고 '야근의 역설'이라고 한다.

여성 인재에 대한 편견도 문제다. 육아를 위한 불가피한 상황에서도 가해지는 눈치 주기와 유리천장은 여성의 당당한 조직생활을 가로막고 있다.

대한민국 아빠들이 아이들과 보내는 시간은 주당 평균 6분이라고 한다. 가정이 무너지니 직장도 무너진다. 가정보다 오랜 시간을 보내는 직장은 우울하기만 하다.

직장이 바로 서야 한다. 또 하나의 가정인 직장이 즐거워야 가정이 즐겁다. 그래야 대한민국은 바로 선다. 직장살이는 즐거워야 한다. 엄마들은 마음 놓고 일할 수 있어야 한다. 그래야 내수가 살고 대한민국은 일할 수 있다.

직장살이

|

2015년 회사생활 신조어에 '직장살이'란 말이 있다. 상사의 꾸지람이나 선배, 동기 들의 등쌀에 휘둘리는 신입사원의 힘든 직장생활을 '시집살이'에 빗댄 것이다. 귀머거리 3년, 장님 3년, 벙어리 3년이라는 시집살이처럼 나쁜 소리는 못 들은 척, 무슨 일을 보아도 못 본 척, 거슬리는 말은 하면 안 되는 게 신입사원의 삶이라는 게다.

어느 기사에 소개된 신입사원의 하루를 살펴보자. 칠판을 긁는 소리보다 듣기 싫은 알람에 눈을 떠, 억만금의 무게를 견디고 출근했더니 돌아오는 건 꾸지람이다. 억겁의 8시간을 버텼더니 남은 건 부질없는 회의와 회식이며, 술에 취해 겨우 찾은 집은 어느새 메신저 감옥이 돼 있다고 한다.

시집살이 3년에 얻은 건 골병든 육신뿐이라는 할머니의 하소연처럼 직장살이에 신입사원은 골병이 들어간다. 스트레스가 자취방 먼지만큼 뿌옇게 쌓여가 힘들게 얻은 직장을 관두는 일도 많아진다. 실제 신입사원 100명 중

34명이 힘들게 얻은 직장을 그만둔다니 심각성이 자못 크다.

직장은 가정과 더불어 삶의 터전이다. 그런데 신입사원은 즐거워야 할 삶의 터전이 너무나 괴롭다. 충성심이라는 명목으로, 성과라는 지표로 보듬기에는 아직 연약한 그들이다.

현실도 변했다. 한강의 기적을 이뤘던 우리 세대는 뭘 하든 되는 시기였다. 오래 일하면 그만큼의 성과가 따라왔다. 그러나 지금은 아니다. 창의성이 중요한 이 시대, 구태의연한 야근으로는 성과가 나올 수 없다. 책상에 오래 앉아 있는다고, 기나긴 회의를 한다고 없던 아이디어가 생기진 않는다.

일하는 문화가 바뀌어야 한다. CEO부터, 상사부터, 선배부터, 동기부터 임기응변적이고 가부장적인 근무문화를 바꿔야 한다. 비합리적이고 비효율적인 방식을 뜯어내야 한다. 업무 프로세스를 과학화하고 수평적인 소통문화를 확대해야만 신입사원은 즐겁고, 상사는 웃고, 기업은 성장한다.

노력하는 자는 즐기는 자를 이기지 못한다. 사상 최악의 취업난, 최고의 경쟁률 속에서 찾아낸 신입사원에게 억지 노력을 강요하기보다는 즐기게 해줘야 한다. 그들이 바로 기업을 이끌어갈 원동력이자, 대한민국의 미래이기 때문이다. 직장살이는 즐거워야 한다.

경직된 근무환경, 유연근무제 도입해야

|

최근 일본에서 놀랄 만한 소식들이 전해졌다. 도요타자동차는 일주일에 2시간만 회사에서 일하고 나머지는 집에서 근무하는 재택근무제를 도입했다.

유니래버재팬도 근무장소는 물론 업무시간까지 직원 마음대로 선택하는 WAA(Work from Anywhere and Anytime)제도를 시행한다고 밝혔다. 한국만큼 보수적인 근무환경을 자랑하던 일본 기업의 변화가 예사롭지 않다.

대한민국의 모습을 새삼 돌아보게 된다. 우리는 아직

까지 9시에 사무실로 출근해 6시에 퇴근하는 근무제도를 고집하고 있다. 임신·출산·육아 중인 직장인이라도 출퇴근엔 예외가 거의 없다. 아이들 등하교시키랴, 지옥철과 만원버스 올라타랴 한국의 직장인들은 매일같이 출퇴근 전쟁을 치르고 있다.

한국과 다르게 유럽이나 미국 등 선진국에선 '유연근무제'가 보편화돼 있다. 덕분에 근로자들은 상황에 따라 근무시간과 장소를 유연하게 정할 수 있다.

가령 출퇴근시간을 근로자가 선택하는 '시차출퇴근제' 도입률이 유럽은 66%, 미국은 81%에 달하는데 한국은 12.7%에 불과하다. 또 한국에선 5%도 못 미치는 '재택근무제' 도입률이 미국에선 38%에 이른다고 한다. 한국과 이들 국가의 근무유연성이 얼마나 차이 나는지 실감할 수 있다.

선진국이 유연근무제를 적극적으로 도입한 이유는 무엇일까? 직원, 기업, 국가 모두에게 득이 되는 '일석삼조(一石三鳥)'의 효과가 있기 때문이다.

직원들은 최적의 근무시간과 장소를 선택해 업무생산

성을 높일 수 있다. 일과 가정의 균형을 맞출 수 있어 직원들의 직무만족도 역시 올라간다.

실제 대한상의 조사 결과, 유연근무제를 도입한 기업 직원들의 96%는 직무만족도가 높아졌다고 답했으며, 생산성이 향상되었다는 기업도 92%에 달했다.

기업의 유연한 근무환경은 인재를 확보하는 데도 도움이 된다. 보수만큼이나 근무환경을 중요하게 생각하는 요즘 세대에게 유연근무제는 자체만으로 큰 유인요소로 작용한다. 또 유연근무제는 임신·출산·육아에 필요한 시간적 여유를 마련해주기 때문에 여성의 경제활동 참가율과 출산율을 높이는 데 효과적이다.

긍정적인 효과에도 불구하고 국내 기업들은 유연근무제 도입에 소극적인 자세를 취하고 있다. 사내 분위기를 망치고 업무 효율까지 떨어지는 것은 아닌지 걱정이 앞서기 때문이다.

유연근무제를 도입하더라도 현장에서 활용이 안 된다는 점도 문제다. 최근 한 중견기업은 애써 유연근무제를 적용했지만, 얼마 못 가 유명무실해졌다. 상사와 동료의 눈치, 낮은 인사평가에 대한 우려로 사용하는 직원이 없어서다.

이제 산업주체들의 노력이 요구되는 시점이다. 기업들은 유연근무제의 긍정적 효과에 주목해 이를 확대 적용할 필요가 있다. 또 현장에서 유연근무제가 활용될 수 있도록 업무 방식을 선진화하고, 객관적 인사평가 시스템을 구축하는 등 선제적인 노력을 기울여야 한다.

직원들은 서로의 눈치를 보지 않고 유연근무제를 사용하는 기업문화를 만들어가야 한다. 아울러 정부는 유연근무제 활용 기업과 근로자들에게 충분한 인센티브를 제공해야 한다.

전설적인 복서 무하마드 알리는 "나비처럼 날아 벌처럼 쏴라"라고 말했다. 복싱을 할 땐 유연하게 움직여서 효과 있게 때리라는 의미다. 그러나 미숙한 복서들은 벌처럼 날아 나비처럼 때리곤 한다. 잔뜩 긴장한 채 덤비기만 할 뿐, 제대로 된 유효타를 건지지 못한다.

지금 한국 기업들이 그렇다. 매일 사무실에 앉아 뻣뻣하게 일하면서 정작 효과적으로 소통·혁신하는 모습은 찾아보기 힘들다. 유연근무제를 도입해 경직된 근무환경을 조금씩 풀어나가는 건 어떨까?

직원들이 나비처럼 유연하게 일하되 소통·혁신의 순간엔 벌처럼 쏠 수 있도록 완급조절을 해나가는 지혜가 필요하다.

유리천장 뚫어라

|

"가장 높고 단단한 유리천장을 깨진 못했지만 1800만 개의 금을 가게 만들었다."

힐러리 클린턴이 한 말이다. 힐러리는 미국 역사상 최초로 여성 대통령에 도전했으나 다수표를 차지하고도 트럼프에 꺾였다.

자유와 평등을 기치로 신세계를 개척한 미국에서도 여성은 지금까지 마이너리티의 지위를 완전히 벗어나지 못하고 있다. 스탠더드앤드푸어스(S&P) 500지수에 속한 미국의 대표 기업 가운데 여성 CEO를 보유한 기업은 고작 17개에 불과하다. 최근 야후와 뱅크오브아메리카에서 여성 고위경영자가 해고되면서 유리천장 논란이 다시 불거지기도 했다.

한국의 사정도 크게 다르지 않다. 과거의 남존여비 악습이나 남아선호의식은 거의 사라졌다. 대부분의 부모가 딸에게 차별 없이 고등교육을 시키고 있다. 사회의 각 분야에서 여성은 남성과 별 차이 없이 첫걸음을 내딛고 있다.

그러나 처음 몇 걸음이 지난 후부터 여성에게는 여전히 넘기 힘든 장벽이 있음을 부인하기 어렵다. 세계경제포럼(WEF)은 2010년 우리나라의 성(性) 격차가 134개국 중 104위라고 발표했다.

통계 수치도 유리천장의 존재를 증명하고 있다. 여성 국회의원의 비율은 15%에 그치고 있고 고위직 여성 공무원은 3%에 미치지 못한다. 여성 대법관과 여성 헌법재판관은 각 1명에 불과하다. 민간기업도 직원 수가 1000명이 넘는 대기업에서 여성 임원이 차지하는 비율은 4.7%에 그쳤다.

우리나라는 경제활동을 하고 있는 여성도 많지 않다. 여성의 경제활동 참가율은 54.5%로 경제협력개발기구 (OECD) 평균 65.8%에 한참 뒤진다. 저출산·고령화 시대에 노동력 부족 사태에 대비하고 지속적인 성장을 이뤄나가기 위해서는 여성 인력을 적극 활용해야 한다.

여성이 사회에 활발히 진출하고 리더로 성장하도록 돕기 위해서는 정부와 기업 모두의 노력이 필요하다. 성별이 아니라 능력에 따라 자리가 주어져야 한다. 여성이 일과 육아를 성공적으로 병행할 수 있도록 사회적 기반과 조직문화가 업그레이드돼야 한다.

이건희 삼성그룹 회장은 "여성 임원도 사장까지 해야 한다"라고 발언해 화제가 된 적이 있다. 미국의 미래학자 존 나이스비트도 21세기가 '3F의 시대'가 될 것이라며 가상(Fiction), 감성(Feeling)과 더불어 여성(Female)을 꼽았다. 지식과 정보, 창의력이 중시되는 시대를 맞아 여성의 강점이 더욱 빛을 발하게 되리라는 예언이다. 머지않아 많은 하이힐들이 유리천장을 뚫고 하이킥을 날리게 되기를 기대한다.

한국 경제 희망 찾기
RE DESIGN KOREA

매우 낡고 비과학적인 현재의
조직 운영 방식으로는 저성장 뉴노멀 시대
극복도, 기업의 사회적 지위 향상도 힘들다.
전근대적인 기업문화의 근본 원인을 찾아내
조직소프트웨어를 업그레이드해야 한다.

기업은 근로자의 삶의 터전이다.
삶의 터전은 즐거워야 한다.
그래야 일할 맛이 나고,
기업은 건강해진다.

어디
한번 해볼
임자 없소!

2016년 12월 미국의 실업률은 4.7%였다. 사실상 완전 고용 상태다. 신음하는 세계 경제와 달리 미국 경제는 완전히 회복했다는 평가다. 미국 경제의 이런 힘은 바로 '기업가정신'에 있다. 기술과 아이디어를 가진 젊은이들은 창업하고, 선배 기업인들과 벤처 투자자들이 성장을 돕는다. 그렇게 성장한 기업들이 또 다른 스타트업을 지원한다. 창업의 선순환이 되는 건강한 기업 생태계가 조성된 곳이 미국이며, 그 출발은 바로 기업가정신이었다.

반면 내우외환에 시달리는 한국 경제는 기업가정신이 쇠락하고 있다. 한국경제연구원에 따르면 국내 기업가정신지수는 30년 이래 역대 최저 수준으로 조사됐다.

기업가정신지수는 1980년대 후반만 해도 평균 193.5에 달했지만 1990년대는 평균 164.7로 떨어졌다. 2000년대엔 평균 106.6으로, 2010년대 전반의 평균은 93.7까지 추락했다.

2015년 한국의 기업가정신지수를 봐도 OECD 34개국 중에서 22위로 중하위권에 머물렀다. 아시아로 범위를 좁히더라도 8위와 10위를 차지한 대만과 싱가폴에 비해 한참 뒤처져 있다. 한때 국가경제 발전을 이끌었던 기업가정신이 이제는 추락하고 있는 것이다.

고개 숙인 한국 경제, 휘청대는 기업, 좌절하는 청년을 일으키려면 추락하는 기업가정신을 되살려야 한다. '임자, 해봤어'라는 저돌성, '돼지를 우리 밖으로 몰아내려면 앞에서 귀를 잡아당기지 말고 꼬리를 잡아당겨라'는 발상의 전환, 무모할 만큼 도전하는 X팀급의 기업가정신이 있어야 대한민국에 희망이 뜬다.

모데카이 브라운의 세 손가락

|

미국 메이저리그 역사에서 불가능을 가능으로 만든 선수가 있다. 시카고 컵스의 전설 모데카이 브라운이다.

그는 어렸을 때 당한 사고로 오른손 손가락이 셋뿐이라 '세 손가락의 브라운(Three finger brown)'으로 알려져 있다. 그런 그가 더욱 유명하게 된 이유는 장애를 극복하고 이뤄낸 뛰어난 성적 때문이다.

브라운은 세 손가락, 그마저도 심하게 뒤틀리거나 반쯤 마비인 상태로 공을 던지며 통산 239승, 방어율 2.06이라는 뛰어난 기록을 남겼다. 또 1907년~1908년 연속으로 소속팀을 월드시리즈 우승으로 이끌었다. 은퇴 후 명예의 전당 헌정은 당연지사였다.

이역만리 미국의 프로야구 선수 이야기를 꺼낸 것은 브라운의 성공신화가 지난 50여 년간 한국 경제가 이룬 성과에 못지않기 때문이다. 1960년대 초만 해도 한국은 일명 '저주받은 나라'였다. 식민 착취와 분단·내전으로 얼룩지고 자원도 빈약한 한국은 도저히 헤어날 수 없는 장애를 가진 나라로 비쳤다.

그 나라가 불과 50년 뒤 세계 10위권의 경제 규모를 갖고 올림픽과 월드컵을 성공적으로 치러냈다. 2018년에는 평창 동계올림픽마저 열며 동하계올림픽과 월드컵, 아시안게임을 모두 치러낸 세계 몇 안 되는 나라가 됐다.

대한민국의 성공신화는 무엇보다 활발한 기업가정신이 견인차 역할을 했기 때문에 가능했다. 피터 드러커가 "기업가정신이 1등인 나라는 한국"이라고 극찬한 바로 그 정신, '임자, 해봤어?'로 대변되는 불굴의 도전정신 말이다.

그러나 어느새 우리 경제는 몸집은 커졌지만 정신이 나약해지기 시작했다. 기업가정신은 사업체 수, 설비 투자 및 민간연구개발비가 얼마나 늘었는지 여부로 측정할 수 있다고 한다.

1970년대에는 이들 세 가지 요소 증가율의 평균인 기업가정신지표가 70%를 넘기도 했는데 1980~1990년대를 지나며 점차 위축되더니 2000년대 이후에는 한 자릿수로 떨어지는 지경에 이른 것이다. 우리가 지난 10여 년간 1인당 국민소득 2만 달러 언저리를 벗어나지 못하고 있는 원인도 바로 기업가정신의 쇠퇴에서 찾을 수 있다.

브라운은 육체적 장애만을 극복한 것이 아니다. 육체적 장애에 굴복하지 않는 불굴의 의지가 있었기 때문에 세 손가락의 브라운 신화를 창조할 수 있었다.

기나긴 경기 침체, 환란 후 최악이라는 위기를 맞은 지금, 우리에게 절실히 필요한 것은 바로 그의 도전정신과 같은 뜨거운 기업가정신이 아닐까 한다.

'X팀급 무모한 도전'이 필요하다

|

구글에는 'X팀'이란 비밀연구 조직이 있다. 달나라를 오르내리는 '우주 전망 엘리베이터', 프로펠러를 단 연을 띄워 저렴한 전기를 만드는 '하늘을 나는 풍력발전소' 등을 개발 중이다.

성공 확률은 인간이 처음 달나라에 갈 때처럼 100만분의 1에 불과해 '문샷(Moon shot)'이라고 한다. 그러나 현실감이 아주 없어 보이진 않는다. '구글 글라스'는 물론 48만km 무사고를 기록 중인 '로봇자동차'가 상용화를 앞두고 있으니 말이다.

정보기술(IT) 혁명에 이어 제조 부문의 '3D프린터 혁명'까지 가세하면서 아이디어가 곧 사업의 원천인 시대가 오고 있다. 시장에 수요를 충족시킬 좋은 아이디어만 있으면 저커버그 같은 최고경영자(CEO)가 될 수 있고, 세계 최고 기업도 시대 흐름을 놓치면 벼랑 끝에 내몰릴 수 있다. 창의적 도전정신이 산업의 판도를 바꾸고 국가의 흥망을 좌우하게 된 것이다.

이를 간파한 선진국들은 글로벌 경기 침체 탈출 해법을 '기업가정신'에서 찾고 있다. 미국 오바마 정부는 '스타트업(Start-up) 아메리카'를 발표하고 창업에 걸림돌이 되는 규제를 없애 2011년 9%대 실업률을 2016년 12월 4.7%까지 떨어뜨렸다.

유럽연합(EU)은 초·중·고 각급 학교에 기업가정신교육 필수화를 주문했고, 일본 역시 세계성장센터를 만들어 기업가정신을 북돋우는 중이다.

우리도 창업과 기업가정신의 중요성을 역설하고 있다. 하지만 현실은 아직 이질적이다. 공무원시험에 이어 일부 대기업 경쟁률까지도 많게는 수백 대 1을 넘어 '현차(현대차)고시', '삼성고시'란 신조어마저 나오고 있다.

글로벌기업가정신모니터(GEM)에 따르면 기업가정신 평가척도인 초기창업활동지수는 한국이 6.6%로 10여 년 전(2001년 14.9%)에 비해 절반 이하로 뚝 떨어졌다. 조사 대상 국가 평균인 7.1%에도 미치지 못하고 있다. 1000명당 창업자 수도 평균 1.83명으로 경제협력개발기구(OECD) 평균(3.42명)보다 크게 낮다.

기업가정신이 꽃피려면 사회 분위기부터 달라져야 한다. 무엇보다 실패를 두려워하고 도전을 위축시키는 요인들을 제거해야 한다.

연대보증 때문에 사업에 실패하면 재기가 불가능해져 '창업 실패는 곧 인생 실패', '사업하면 집안 말아먹는다'는 등식이 퍼져 있다.

창조적 창업 못지않게 기업의 혁신경영도 매우 중요하다. 실패를 성공에 필요한 주요 자산으로 인식해 직원들이 상상력을 발휘하고 아이디어를 내 새로운 것에 도전하는 환경을 만들어줘야 한다.

한국 진출 7년 만에 매출액이 25배나 성장한 유니클로의 창업주 야나이 다다시의 '9패 1승' 전략처럼, '튀지 마', '눈치성 잔업', '연공서열주의', '제왕형 CEO' 등으로 대변되는 상명하복의 기업문화를 기업가정신 친화적으로 바꾸어내는 것이 급선무다.

사회의 시선도 중요하다. 기업가정신을 발휘해 투자 확대와 고용 창출이라는 사회적 책임을 다하는 기업에 대해 사회는 정당하게 평가하는 분위기를 조성해나갔으면 한다.

1983년 이병철 회장이 '우리는 왜 반도체사업을 하려 하는가'라는 선언을 했을 때 경쟁사 인텔은 이 회장을 과대망상증 환자라고 비꼬았다. 우리 국책연구소조차 "반도체는 인구 1억 명, 1인당 국민총생산 1만 달러 이상의 국가에서나 가능하며 기술, 인력, 자본이 없는 한국에선 불가능하다"라고 했다.

우리 모두 현재의 잣대로 열정의 싹을 잘라버리고 있

지 않은지 자문해봐야 한다. 이 회장의 도전정신을 되새겨보고 X팀의 상상력을 본받아야 할 때다.

'K-기업열전'은 현재진행형

|

1945년 맨주먹으로 시작해 한국전쟁(1950~1953년), 두 차례 오일 쇼크(1970년대), 외환 위기(1997년) 등 안팎의 시련을 극복하고 우뚝 선 기업들이 있다. 창업 초 'ABC 포마드'로 남성 2대8 가르마를 대유행시킨 아모레퍼시픽은 지금 K-뷰티의 선봉에서 한국 수출의 노화를 막고 있다.

골목가게에서 시작된 파리바게뜨기업(SPC)은 70년 만에 빵의 나라 프랑스에서 '쿡빵 대결'을 펼치며 경제영토를 부풀리고 있다.

광복둥이 이야기 말고도 대한민국 경제부흥을 위해 최선을 다하고 있는 K-기업열전은 언제 어디서나 현재진행형이다.

외환 위기 때 부도 위기까지 내몰렸던 한 자동차부품 기업 CEO는 "직원들 깡통 차는 일은 없게 하겠다"라며 연구 개발을 강화해 현재 국내에서만 1500여 개 일자리를 만들어냈다. 향토기업 중에는 중국, 베트남에 가면 이윤이 남을지언정 우리 동네 젊은이를 위해 한국에만 투자하겠다는 기업도 있다.

TV, 스마트폰, D램 반도체, 선박 등 세계 150여 개 베스트셀러를 팔고 있는 나라가 된 것은 그만큼 불굴의 기업가정신이 발휘된 덕분이다. 이 같은 도전정신이 어우러졌기에 기업들은 매년 30만 개가량의 새로운 일자리를 만들어내고 있다. 경제계도 잘못된 기업인 행태에 대해 자성하고 상명하복, 가부장적 기업문화를 선진화해 사회의 공감대를 끌어내려 하고 있다.

최근 우리 경제는 불확실성의 먹구름에 갇혀 있다. 안으로는 정치적 불확실성이 도사리고 있다. 미국의 금리 인상으로 촉발된 시장 금리 상승과 1300조의 가계 부채는 언제 터질지 모르는 시한폭탄으로 남아 있다. 트럼프 취임 후 국제통상시장에도 보호무역주의가 득세하며 그야말로 내우외환에 시달리는 형국이다.

독일의 연구기관 막스플랑크연구소는 "1인당 국민소득 2만 달러까지는 노동·자본 투입으로 올라갈 수 있지만 3만 달러, 4만 달러가 되기 위해서는 기업가정신이 필수"라고 말한다.

그렇다고 기업가정신 하면 과거 '하면 된다'식의 열정과 도전정신으로만 해석해선 곤란하다. 기업은 융합과 창의성을 겸비해 시대를 따라잡아야 하고, 정부도 미래에 대한 청사진을 그려가며 예비기업을 보육해나가야 한다.

더 중요한 것은 사회의 관심과 격려다. '글로벌 기업가정신 모니터'는 기업인이 사회에서 얼마나 존중받느냐를 기업가정신지수 평가기준으로 삼고 있다. 기업인이 존중받아야 기업가정신도 꽃필 수 있다는 얘기다.

보이지 않는 곳에서 땀 흘리며 최고가 되려는 기업에 박수와 응원을 보내주자. 언젠가 더 많은 기업들이 세계무대를 휘저으며 더 큰 감동과 양질의 일자리를 사회에 돌려줄 것이다.

한국 경제 희망 찾기

RE DESIGN KOREA

'뉴노멀 시대'가 도래했다.
저성장, 저소비, 높은 실업률 등 과거에는
비정상이라고 여겼던 현상들이 이제는 일상이
됐다. 청년들은 취업이 지상 과제가 됐고,
기업들은 양질의 일자리를 창출하는 데
한계를 느끼고 있다.

지금 이때, 가장 필요한 것은 기업가정신이다.
끊임없는 혁신과 열정을 바탕으로 새로운 도전으로
무장한 '어디 한번 해볼 임자'가 필요한
대한민국 경제다.

'조태오'
같은 기업인,
현실엔 없다

기업호감도가 연일 악화일로다. 기업에 대한 국민의 호감을 나타내는 기업호감지수는 100점 만점에 50점에도 미치지 못한다. 대기업은 낙제에 가까운 33점을 기록했다.

TV 드라마나 영화에서 기업인은 잔혹하고 추악한 범죄자로 그려진다. 인자한 얼굴 뒤에 추악한 내면을 숨긴 인물, 사모님은 고상한 외모지만 속물인 여성, 아들은 무법지대를 사는 방탕아로 그린다.

그러나 천만영화 〈베테랑〉에서의 조태오 같은 최고경영자(CEO)는 현실에선 찾아볼 수 없다. 현실에는 선하고 착한 기업인들도 많다.

한국에는 피부암으로 3개월 시한부 선고를 받고도 부도 난 회사를 살리겠다며 죽기 살기의 각오로 회사를 정상화한 대기업 회장도 있고, 개발도상국에 기술을 전수하러 간 중소기업 최고경영자(CEO)도 있다.

기업과 기업인이 죄다 악으로 묘사되는 현실은 반기업정서의 악순환을 가져온다. 물론 일부 재벌과 기업인의 잘못된 행동은 있었다. 그러나 일부의 잘못을 기업 전체의 잘못으로 싸잡아 넘겨선 안 된다. 기업인을 자꾸만 '악의 축'으로 그리면 자라나는 세대들의 기업관과 경제관에 악영향을 미치게 되고, 종국에는 이 땅에 기업할 사람은 남아나지 않게 될지 모른다.

갖은 역경과 고난을 딛고 일어선 기업과 기업인에 대한 바른 평가가 있어야 한다. 그래야만 기업은 비로소 일을 할 수 있고, 기업이 일을 해야만 나라가 바로 설 수 있다.

아플 수도 없는 마흔, 기업도 똑같다

|

"조용필과 이선희, 레슬링 황제 김일, 통금과 88올림픽은 추억으로 물러났다. 그 자리엔 스마트폰과 인터넷, 아이패드와 카카오톡이 자리 잡았다. 하지만 관심 밖이다. 마흔을 훌쩍 넘겼지만 머릿속은 온통 자식교육, 불안한 미래, 그리고 돈이다. 또 수시로 찾아드는 외로움과 쓸쓸함이다."

베스트셀러 『아플 수도 없는 마흔이다』라는 책의 한 구절이다. 청춘은 마음 놓고 아플 특권이 있기에 '아프니까 청춘이다'라지만 마흔은 책임감에 아파도 아프다고 하소연할 수 없다는 것이다.

대한민국 기업에도 마흔에 든 기업이 많다. 1969년에 태어난 삼성전자, 1967년생 현대차, 68년생 포스코 등 국내 대표기업들이 마흔을 훌쩍 넘겼다.

국내 기업들은 70년대 두 차례의 석유 파동으로 '내다 팔수록 적자'인 시기를 겪었다. 90년대 외환 위기 시절에는 자금줄이 끊기면서 줄도산 위기에 처하기도 했다.

그리고 다시 10년여 만에 미국발·유럽발 금융 위기가 불어닥쳐 수출길이 막히기도 했다.

한국 기업을 바라보는 시선도 곱지 않았다. '1년에 2193시간을 일하는 나라', '일본 제품 베껴내는 한국 기업'이라는 비아냥에 모멸감도 느껴야 했다.

그러나 최고경영진의 과감한 결단과 도전의식, 근로자들의 헌신과 열정, 그리고 협력업체의 동반의지 등이 한데 뭉쳐 역경을 이겨냈다. 국민과 정부는 이런 기업에 대해 '산업역군, 수출역군'이라며 한껏 치켜세워주기도 했다.

그러나 요즘 사회 분위기는 사뭇 달라 보인다. '기업이 역경을 딛고 좋은 성과를 거뒀다'는 것이 자랑거리가 되지 못하는 듯하다. 전 세계적으로는 자본주의 시스템에 대한 반성이 유행처럼 번지고 있다.

경제력이 한곳으로 쏠리고 양극화가 심화되는 것은 바람직한 현상이 아니다. 경제력이 집중되면 정경유착의 개연성이 커지고 시장경제 체제에 대한 믿음이 약해질 수 있으며, 구성원 간의 불신이 강해져 공동체 기반이 무너질 수 있다.

그렇다면 정말 과거에 비해 우리 기업의 경제력 집중이 심화됐는가. 결론부터 얘기하면 그렇게 보기 어렵다. 자산 규모와 매출액만 놓고 볼 때 대기업 비중이 늘어난 일부 업종이 있지만, 반대로 감소한 곳 역시 많다. 기업 매출총액에서 주력 업종의 매출액이 차지하는 비율, 즉 업종특화율도 높은 수준을 유지하고 있어 '문어발식 팽창'이란 주장도 맞지 않는다.

일부에서는 출자총액제한제도가 폐지돼 계열사 수가 늘었다고 주장하지만, 공정거래위원회는 "계열사 수 확대와 출총제 폐지의 인과관계가 불분명하다"라고 밝힌 바 있다.

이처럼 경제력 집중에 대한 통계적 사실과 일반적인 상식이 다른데도 불구하고 근거 없는 비판을 가하는 것은 옳지 않다. 이는 반기업정서를 확대시켜 경제성장과 일자리 창출의 주체인 기업의 사기를 떨어뜨리고 민주주의와 시장경제라는 대한민국의 정체성까지 위협할 수 있다.

물론 시대를 지배하는 정신은 있게 마련이다. 그러나 어느 극단으로 쏠리는 것은 경계해야 한다. 경제학자들까지도 자본주의 위기의 원인이 '균형을 상실한 시장경제 체제'라고 지목하고 있다.

그러나 균형을 잃은 시대정신과 이를 반영하겠다고 앞뒤 재지 않고 정책을 쏟아내고 있는 현재의 상황은 걱정이 든다.

기업활동을 규제해서 얻는 실익과 반대로 생길 수 있는 폐해를 따져보고, 비현실적인 최선의 정책과 현실 적용이 가능한 차선은 무엇인지, 현재와 미래에 미칠 영향까지 깊이 살펴보는 균형이 절실히 요구된다.

앞으로도 우리 기업들은 흔들림 없이 생산과 투자, 일자리 창출이라는 본업에 충실할 것이다. 그리고 동반성장·투명경영·사회공헌활동과 같이 우리 사회가 기업에 부여한 책임을 다하는 데도 최선을 다할 것이다.

공자는 『논어(論語)』의 「위정(爲政)편」에서 마흔을 '세상일에 정신을 빼앗겨 판단을 흐리는 일이 없는 나이', 즉 '불혹(不惑)'이라 했다. 40여 년의 숱한 위기 속에서도

일류기업으로 발돋움한 기업들에 채찍보다는 위로의 말
한마디가 필요한 때다.

TV 드라마 속 반기업정서

|

과거 방영된 TV 드라마 속 기업인의 모습은 우리 사회
가 기업인을 어떻게 보고 있는지를 여실히 보여준다. 반
기업정서가 그것인데 그 뿌리는 고려 후기까지 거슬러
올라간다. 당시 유교가 전래되면서부터 우리나라에는
사농공상(士農工商)의 서열이 은연중에 자리 잡았고, 기
업에 해당하는 '工商'은 지난 500년간 하위 직업군으로
인식돼왔다. "군자는 도를 걱정하지 가난을 걱정하지 않
는다(君子憂道不憂貧)"는 공자의 가르침도 생산과 유통
을 담당하는 계층을 업신여기는 풍조를 형성하는 데 일
조했다.

우리나라의 반기업정서는 세계 최고 수준이다. 세계적
인 컨설팅 회사가 22개국의 최고경영자(CEO)를 대상으

로 조사한 결과가 그렇다. 미국·영국·일본 등의 선진국은 물론 아르헨티나나 남아프리카공화국 같은 나라들보다 높다. 반기업정서가 이렇게까지 만연한 데는 물론 기업이 자초한 측면도 없지 않다. 그러나 일부 기업인의 잘못을 두고 전체 기업을 질타하면서 '기업인은 돈벌이밖에 모르는 파렴치범'으로 모는 것은 적절하지 않다.

피부암으로 3개월 시한부 선고를 받고도 부도 난 회사를 살리겠다며 죽기 살기로 매달려 살려낸 대기업 회장, 돈벌이는 되지 않지만 개발도상국에 필요한 '착한 기술'을 개발해 지구촌에 나눔을 실천하는 등 한국 기업 열전은 아직도 현재진행형이다. 다큐멘터리로 봐도 흥미롭다.

이제는 대기업 비난 일색에서 벗어나 그들의 공로도 함께 인정하는 분위기가 조성됐으면 한다. 한때 가발과 신발을 만들던 나라가 스마트폰과 자동차 강국이 된 것은 바로 대기업이 도전적 기업가정신을 발휘한 덕분이다. 총수의 지배력은 새로운 사업에 대한 모험적인 연구개발(R&D)과 시설 투자를 지속시킨 원동력이었다. 대기업이 경쟁력을 키우고 해외주문을 많이 받아온 덕에 중소기업의 일감과 일자리도 늘었고, 이러한 '낙수 효과'를 통해 경제가 발전해왔다는 점도 올바로 이해할 필요가 있다. 얼마 전 진보 성향의 경제학자인 제프리 삭스 미국 컬럼비아대 교수조차 "한국의 대기업은 기술 혁신, 세계화에서 가장 선도적이고 성공적인 조직"이라 평가하지 않았던가.

우리 경제는 2008년 글로벌 금융 위기 이후 가장 어려운 시기를 맞고 있다. 기업은 기업가 정신을 발휘해 투자 확대와 고용 창출이라는 사회적 책임을 다하고 사회는 이를 정당하게 평가하는 분위기를 조성할 때다. 기업의 기를 꺾을 규제를 만들고 이를 지키는 일에 국력을 허비하기보다 기업과 사회가 한 발씩 양보해 경제를 살리고 사회를 발전시켜나가는 것이 더 현명하다.

영국의 정치인 윈스턴 처칠은 "어떤 이는 기업을 총으로 쏴 죽여야 하는 야수라 하고, 어떤 이는 우유를 짜내는 젖소로 여긴다. 기업을 마차를 끄는 튼튼한 말로 보는 사람은 드물다"라고 말했다. 불황과 양극화로 반기업정서가 고조된 지금, 우리 모두가 곱씹어봐야 할 말이 아닌가 싶다.

호환·마마보다 무서운 악성루머

유럽 중세 시대 마녀사냥으로 희생당한 여성에 대한 재판이 얼마 전 독일에서 다시 열렸다. 당시 억울하게 마녀 누명을 쓰고 화형을 당했던 한 여성의 한을 수백 년이 지난 지금이라도 풀어주기 위함이라고 한다.

16세기 말에서 17세기에 걸쳐 유럽은 종교전쟁과 전염병, 경제 상황 악화 등으로 혼란한 상황이 지속되었다. 사람들은 이러한 혼란과 불행을 악마의 마법 탓으로 돌리며 무고한 사람들을 마녀로 몰아세우고 처벌했다. 현대사회에서는 상상할 수 없는 불합리한 일이 공공연히 자행되었던 안타까운 역사의 한 장면이다.

그런데 불행히도 정도의 차이는 있지만 요즘 우리 주변에도 이런 일이 자주 발생하고 있다. 인터넷상에서 유포되는 근거 없는 악성루머와 댓글로 연예인뿐만 아니라 일반인까지 고통을 당하는 사건이 잦아졌다.

○○녀, ○○남으로 지칭되며 사실 여부가 확인되기도 전에 무섭게 확대 재생산되고 인신공격을 당하며 회복하기 어려운 상처를 입는다. 참으로 불행한 일이 아닐 수 없다.

이렇게 불행한 일을 겪는 피해자는 또 있다. 바로 기업들이다. 국내의 한 프랜차이즈업체는 일명 '임산부 폭행 사건'으로 홍역을 치렀다. 과장되고 왜곡된 사실이 검증과정도 없이 삽시간에 온라인상에 퍼져 해당 업체는 사실관계를 확인하기도 전에 일단 사과부터 해야 했다.

사건의 진상이 밝혀지고 어느 정도 시간이 지나자 이 사건은 대중의 관심에서 멀어졌다. 그러나 해당 업체는 진실 여부와 관계없이 소비자들에게 각인된 부정적인 이미지로 타격을 입었다.

과거 쓰레기만두 파동, 포르말린 통조림, 공업용 우지라면 등의 사건들도 대부분 사실이 아니라는 결론이 났지만 당시 이름이 거론된 기업들은 치명적인 피해를 입었다.

안타깝게도 우리나라에서 기업에 대한 시선은 그다지 호의적이지 않다. 특히 규모가 큰 기업일수록 더욱 그렇다. 대한상의가 2016년에 실시한 기업호감도 조사 결과를 보면 100점 만점에 중소기업은 59.7점을 받았고, 대기업은 33.0점을 받았다.

이러한 사회적 분위기는 자칫 기업이 도마 위에 올랐을 때 공정한 평가를 받지 못한 채 비난의 여론에 휩쓸리기 쉽다는 것을 예고한다.

치열한 경쟁 속에서 피땀 어린 노력으로 성장한 우리 기업들이 행여 어떠한 의혹이나 잘못된 정보만으로 순식간에 피해를 입는 사례가 또 발생하지 않을까 우려된다.

요즘은 과거와 달리 개인이 손쉽게 정보를 생성할 수 있을 뿐만 아니라, 그 정보를 지구 반대편에 있는 사람들도 동시에 볼 수 있다.

전 세계 인터넷 이용자 수는 21억 명, 대표적 SNS(소셜 네트워크 서비스)인 페이스북의 이용자 수는 10억 명에 가깝다. 발 없는 말이 천 리만 가는 게 아니라 빛의 속도로 전 세계에 퍼지는 시대다.

'사람이 셋이면 없는 호랑이도 만든다'는 삼인성호(三人成虎)라는 말이 있다. 수많은 네티즌이 모여 있는 온라인 공간에서 신중하지 못한 언행은 자칫 거짓을 진실로 만들기도 하고 진실을 거짓으로 몰아갈 수도 있다.

무책임한 언행은 무고한 누군가의 인생을, 혹은 성장하는 기업의 미래를 앗아간다. 유익하고 편리한 생활을 위해 만들어진 정보 소통의 수단이 결코 마녀사냥의 도구가 되어서는 안 된다.

기업의 사회적 역할

한국 경제 희망 찾기

RE DESIGN KOREA

지난 40여 년간 고도성장을 추구하다 보니
성장통을 겪은 것도 사실이다. 내적 성숙을 신경
쓸 여유가 없었다. 그러다 보니 여기저기 생채기를
내기도 했다. 때로는 윤리적이지 못한 일도 했다.

위만 바라보다 보니 아래를 보지 못하기도 했다.
그러나 이제 기업은 변화할 것이다. 국민과 사회의
요구를 직시해 함께하는 사회를 만들기 위해 변신할
것이다. 성장통을 치유하고 더 나은 사회를 만들려는
기업에게 너그러운 박수를 보내주길 바란다.
아플 수도 없는 마흔, 기업도 똑같기 때문이다.

갈등
해결의
선봉장은
기업이다

양극화가 심화되고 있다. 우리 국민의 45.3%는 자신을 하층민이라 생각한다. 국민들은 행복하지도 않다. 행복 지수는 경제협력개발기구(OECD) 34개국 중 26위에 불과하다. 체감 실업률은 11.3%에 달하고, 비정규직은 전체 근로자의 3분의 1을 상회한다. 취업자의 31.3%인 자영업자들의 삶은 갈수록 팍팍해지고 있다.

단순히 상대적 박탈감의 문제로 간과할 일이 아니다. 국가경제의 성장이 구성원의 삶의 질 향상으로 연결되지 못하고 있음을 직시할 필요가 있다.

행복하지 않은 국민, 양극화하는 사회는 이제 기업과 정치권에 근본적 개혁을 요구하고 있다. 기업에는 단순히 제품을 만들어 파는 게 아닌 시민의 일원으로서 그에 합당한 책임을 지라 요구한다. 정치권에는 소통과 통합의 리더십을 갖추라 요구한다.

개혁을 바라는 사회의 요구를 직시해야 한다. 기업은 국민의 눈높이에 맞는 사회적 책임을 준수하고, 정치권은 분열과 대립을 타파할 새로운 리더십을 선보여야 한다.

양극화와 사회 갈등은 알렉산더 대왕도 단칼에 풀기 힘든 문제다. 상처를 그대로 덮어두기만 하면 결국 썩어간다. 풀기 어렵다고 그대로 둔다면 대한민국의 발전은 요원하다.

골이 깊으면 산이 높다는 말만큼, 그 어느 때보다 갈등의 골이 깊은 지금이 뿌리 깊은 문제를 해결해야 할 적기이며, 그 선봉장은 바로 기업이다.

기업이 바로 서야 나라가 선다

기업의 사회적 책임, 선택 아닌 생존의 문제다

|

오늘날 기업활동에는 광범위한 책임이 뒤따른다. 국가 사회의 한 구성원으로서 기업의 역할과 비중이 날로 커지며 그에 합당한 책임을 요구하는 목소리가 높아지고 있다.

최근 '화해(化解)'라는 애플리케이션(이하 앱)이 주목받고 있는데 '화장품을 해석한다'는 뜻의 이 앱은 화장품의 성분 구성에 대한 정보를 제공한다. 화해에서 유해 성분이 없다고 판정된 화장품은 '착한 제품'으로 인정받으며 매출이 늘어나는 반면 유해 화학물질을 원료로 사용하거나 허위정보를 광고한 사실이 드러나면 여지없이 지탄의 대상이 된다.

예전에 보기 드물던 이런 현상이 우리 사회의 일상이 된 것은 기업에 대한 인식이 하루가 다르게 바뀌고 있기 때문이다. 그동안 기업은 일자리를 만들고 세금을 내 경제를 떠받치는 나라의 기둥이므로 우리 기업이 만든 제품은 웬만하면 믿고 사용했다. 혹시 제품에 문제가 있다면 애프터서비스를 받는 것으로 충분히 만족했다.

그러나 최근 들어 극소수 기업에서 소비자를 기만하는 비윤리적 행위가 드러나면서 기업활동의 신뢰성과 도덕성이 도마에 오르내리는 시대를 맞이했다. 좋은 제품을 만드는 것뿐만 아니라 정직하고 정확한 정보를 제공하는 것이 너무나 당연한 일로 여겨지고 있다. 나아가 기업활동이 사회와 환경에 미치는 영향을 감안, 필요한 조치까지 취해야 하는 것 역시 기업의 몫이 됐다.

우리 기업들도 이런 소비자의 인식 변화를 경영에 적극 반영하기 시작했다. 기업의 사회적 책임(CSR)활동 계획과 성과를 낱낱이 공개하는 '지속가능경영보고서'를 발간하는 기업이 꾸준히 증가하는 것이 그 증거다.

이 보고서는 2003년에 4개 기업이 발간했으나 지금은 100여 개 기업이 매년 공개하고 있으며, 중견·중소기업까지 확산되고 있다.

기업의 사회적 책임활동 폭도 점차 넓어지고 있다. 봉사활동과 환경보호, 지역사회 복지 인프라 확충 등 전통적인 활동뿐만 아니라 소방관, 경찰관 등 우리 사회의 숨은 영웅들을 지원하거나 독도 알리기, 전통문화재 보존과 홍보 등 정부의 영역으로 여겨지던 호국보훈과 국격제고를 위한 활동에도 적극적이다.

아쉬운 점이 있다면 사회적 책임에 대한 인식은 높아졌지만 아직까지 이를 내재화한 기업이 많지 않다는 것이다. 단순히 법적 책임에 대응하는 소극적인 수준을 뛰어넘어 기업도 시민의 일원이라는 인식으로 좀 더 책임있는 역할을 수행해야 한다.

우리 기업들이 투자 확대와 고용 창출, 환경오염 최소화 등 본연의 역할에 충실하고 있지만 국민과 사회의 눈은 더 높은 곳을 바라보고 있는 게 현실이다. 소비자와 종업원, 협력업체, 지역사회 등 기업의 이해관계자들로부터 신뢰를 얻는 일뿐만 아니라 이제는 국민의 기대에도 부응해야 한다는 점을 직시해야 한다.

기업이 적극적인 사회적 책임으로 국민의 신뢰를 얻는다면 장기적으로 기업활동에 유리한 환경이 조성될 수 있다. 신뢰 수준이 높은 사회일수록 사회 갈등이 적고 거래비용이 적게 들기 때문이다.

세계은행 분석에 따르면 사회적 신뢰도가 10% 오를 때 경제성장률이 0.8% 상승한다고 한다. 국민의 신뢰를 얻기 위해 최고경영자(CEO)와 임직원 모두 기업의 사회적 역할을 고민하고 진심 어린 활동을 펼쳐나가는 것이 장기간 침체에 빠져 있는 우리 경제의 회복을 위해서도 시급한 일이다.

'몽플뢰르 회의'와 경제·사회 갈등 해법

|

남아프리카공화국은 오랜 시간 동안 '아파르트헤이트(Apartheid)'라는 인종차별 정책으로 악명 높았다. 인구의 16%에 불과한 백인이 모든 특권을 누리며 유색인종을 차별하고 억압했다.

흑인들의 거센 저항에 부닥친 백인 정부는 마침내 1991년 아파르트헤이트의 종식을 선언한다. 그러나 인종차별 정책이 철폐된 이후에도 흑백 간 갈등은 심각했고 언제 폭동이 일어날지 모르는 일촉즉발의 위기 상황이 계속됐다.

흑인과 백인이 공존할 것인가, 공멸할 것인가의 기로에서 몽플뢰르(Mont fleur) 회의가 개최된다. 케이프타운 외곽에 위치한 몽플뢰르 콘퍼런스센터에서 남아공의 새로운 질서를 만들기 위한 토론을 시작한 것이다. 회의에는 백인단체, 백인 기업인을 비롯해 흑인 정당, 유색인반(反)정부단체, 노동조합 등 남아공에서 영향력을 가진 22명의 대표가 참석했다.

이들은 최종적으로 네 가지 시나리오를 만들었다. 각 시나리오는 새(鳥)로 표현된다. 먼저 타조 시나리오. 백인 정부가 타조처럼 모래 속에 머리를 처박고 흑인과 협상하지 않는다는 것이다.

다음은 레임덕 시나리오. 약체 정부가 들어서서 여러 세력의 눈치만 볼 뿐 어떤 개혁도 이루지 못하리란 예측이다.

그다음은 이카로스 시나리오. 흑인들이 권력을 쟁취하여 이상적인 국가 건설을 추진하지만, 태양 가까이 날다 떨어져 죽는 이카로스처럼 결국 실패하리란 전망이다.

마지막으로 플라밍고의 비행 시나리오. 모든 인종과 세력이 서로를 배척하지 않고 연합해 새로운 사회를 건설한다는 각본이다.

몽플뢰르 회의에 참가한 대표들은 이런 시나리오를 팸플릿으로 제작해 배포했다. 또 100여 차례의 토론회를 개최하면서 국민과 대화에 나섰다.

그 결과 남아공 국민들은 '플라밍고의 비행 시나리오'를 국가의 미래로 선택한다. 이에 따라 1994년 흑인과 백인이 동등한 자격으로 참여한 자유총선거가 실시되고, 이렇게 구성된 다인종 의회는 만델라를 대통령으로 선출한다. 이후 만델라가 이끄는 남아공 최초의 흑인 정부는 급진적이 아닌 온건한 개혁을 통해 흑백이 공존하는 사회를 건설해나간다.

물론 우리나라는 남아공과 사정이 다르다. 단일민족 국가로 살아왔기에 공동체의 동질성은 당연한 것으로 생각해왔다. 그러나 유사 이래 가장 국력이 강성하다는 지금, 오히려 국민 통합이 시대적 과제가 되고 있다.

국가공동체의 균열이 여러 면에서 나타나고 있기 때문

이다. 이미 오랫동안 지역 간, 보수·진보 간 갈등이 깊어져왔다. 최근 들어서는 세대 간에 성향이나 의견 차이가 뚜렷이 나타나고 있다. 경제적으로는 복지냐 성장이냐의 논쟁과 함께 부자와 서민, 대기업과 중소기업, 기업주와 근로자, 정규직과 비정규직, 심지어 대형 마트와 재래시장까지 이해가 충돌하는 모습을 보이고 있다.

우리 사회의 분열과 갈등은 최근 몇 년 사이 여러 사건을 통해 더욱 증폭됐다. 한·미 자유무역협정(FTA) 협상과 제주 해군기지 건설, 무상급식 투표 등이 대표적이다. 이런 논쟁거리가 있을 때마다 찬반 입장이 극단으로 갈려 대립했다. 모두가 동의할 수 있는 합리적 대안을 모색하는 진지한 노력은 찾아보기 어려웠다.

2017년 선거의 해를 맞아 이런 분열이 더 심해지지 않을까 걱정된다. 특히 정치권이 포퓰리즘으로 흐를 경우 공동체의 분열과 갈등이 더욱 확산될 수 있다.

한 국내 연구소에 따르면 우리나라는 경제협력개발기구(OECD) 회원국 중 네 번째로 사회 갈등이 심한 나라라고 한다.

기업의 사회적 역할

인종 차이나 소득 불평등과 같은 구조적 요인은 상대적으로 미미하지만, 갈등을 관리하는 리더십이 취약하기 때문이다. 민주주의 국가에서 다양성과 표현의 자유는 존중되어야 한다. 그러나 공동체가 통합을 유지하기 위해서는 정당한 절차를 거친 결정에는 승복하는 문화, 그리고 이를 이뤄내는 리더십이 필요하다.

남아공은 신흥경제 5개국인 브릭스(BRICs)의 일원으로 90년대 후반부터 빠르게 성장하고 있다. 2010년에는 월드컵도 성공적으로 치러냈다. 모두 '플라밍고의 비행 시나리오'를 채택했기에 가능한 일이다.

비록 지금 우리나라가 남아공과 비교 대상은 아니지만 갈등과 분열의 골이 더 깊어지기 전에 몽플뢰르 회의의 교훈은 새겨볼 만하다.

알렉산더 대왕도 풀기 힘든 양극화

|

2008년 글로벌 금융 위기의 후폭풍 속에서 고통받는

이들이 급증하면서 지구촌에 두 가지 주목할 만한 흐름이 나타나고 있다.

'1% 대 99%'란 월가 시위의 표어처럼 소수 특권층 때문에 다수가 불행하다는 정치적 대립구도가 하나요, 자본주의의 새 패러다임을 모색하려는 거대담론이 다른 하나다.

후자로는 따뜻한 자본주의론이 주창되고 있으며, 세계 경제리더들의 모임인 다보스포럼에서도 모두가 불행해지는 디스토피아(Distopia)의 위험이 주요 의제 중 하나로 다뤄졌다.

물론 정부도 이런 문제를 인식하고 일자리 창출과 대·중소기업 동반성장을 비롯한 부문 간 공존 발전을 정책의 최우선 과제로 추진 중이다.

그러나 성과가 채 나타나기 전에 성장의 열매를 극소수 계층이 독식한다고 비판하며 보다 근본적인 대책이 필요하다고 주장하는 이들이 늘고 있다. 글로벌 금융 위기 극복을 위해 마련된 금융, 노동, 자유무역협정(FTA) 관련 정책들을 신자유주의로 낙인찍고 양극화 주범으로 몰아가는 분위기마저 느껴진다.

알렉산더 대왕이 고리디우스의 매듭을 단칼에 베어내듯 양극화 문제를 일거에 해결할 수 있다면 얼마나 좋을까. 실제 다수의견이 반영되는 것이 진정한 민주주의라며 선거 혁명을 통해 모든 것을 해결할 수 있다고 외치는이가 적지 않다. 그러나 다수의견이 항상 옳고 민주주의에 부합하는 것은 아니다.

대선을 맞아 표심을 염두에 둔 정치권의 정책 개발 경쟁이 뜨겁다. 복지의 기치 아래 부유세 신설, 재벌 개혁, 비정규직 문제 해결 등의 개혁 어젠다들이 대거 쏟아질듯한 분위기다.

우리 사회의 양극화 해법이 대중의 눈높이에 맞춰지는것은 아닌지 걱정스럽다. 그리스와 이탈리아의 재정파탄은 복지우선주의 정책의 종착지를 보여주며, 재벌 개혁은 해외 거대기업과 경쟁하는 우리 기업에 족쇄가 될 수있기 때문이다. 근로의욕과 기업가정신이 쇠퇴해 성장엔진이 부실해지면 현재의 복지 기반마저 무너질 수 있음을 유념해야 한다.

양극화 현상은 사실 정치적 이슈이기 전에 경제와 사회의 문제다. 해결책도 시장경제와 조화를 이루며 사회통합을 추구하는 것이 바람직하다.

특히 경제 문제에 대해서는 공정성 확보에 주안점을 둬야지 사회적 형평성까지 강요해서는 곤란하다. 경쟁력을 상실한 기업들을 살리려고 인위적 규제와 보호장벽을 치는 등 경제 정책을 사회보장 정책으로 활용하거나, 기업 규모에 따라 투자를 제한하고 기업에 과도한 고용 책임을 부과해서는 부작용이 따를 수밖에 없다.

한때 세계 최고를 자랑하던 유럽 정보통신업계와 일본 가전업계가 대규모 감원을 반복하고 있다. 글로벌산업 생태계에서 애플의 혁신과 삼성의 기술력에 밀린 때문으로, 기업의 사회적 책임은 일자리의 유지·창출이라는 점을 새삼 일깨워준다. 기업의 기운이 약해지면 사회에도 구조조정의 한파가 몰아칠 수 있다는 평범한 진리를 무시하지 않았으면 한다.

수출과 내수, 대기업과 중소기업, 수도권과 지방경제, 그리고 계층 간 불균형 등의 문제가 심화될수록 1%와

99%라는 식의 편 가르기와 재분배의 유혹에 빠지기 쉽다. 그러나 이는 한쪽 강둑이 높다 하여 낮은 쪽에 맞추는 것과 같다.

기업으로 보면 이익을 나누기만 하고 재투자는 하지 못하게 되는 격이다. 축소 균형의 악순환에 빠져 양쪽 모두가 패배하는 하책이다.

모두가 잘사는 확대 균형의 길을 가야 한다. 양극화 해법도 성장과 복지, 시장과 국가, 정부 재정의 세입과 세출이 균형과 조화를 이루며 추진되기를 기대해본다.

한국 경제 희망 찾기
RE DESIGN KOREA

변화를 바라는 에너지는 커져만 가고 있다.
에너지가 커지다 보니 도처에서 갈등과 분열이
일어나기도 한다. 하지만 '마찰이 있으면 온기가 돈다'는
말이 있듯이 갈등은 '변화의 기회'이기도 하다.

대한민국은 변해야 산다.
기업은 국민과 사회가 바라는 눈높이에 맞춰 사회적
책임을 다하고, 정치권은 전 사회를 아우르는 한국판
'플라밍고 비행 시나리오'를 내놓을 때다.

PART 3

지금 준비하지 않으면
미래는 없다

미래
세대
준비

4차 산업혁명에서
뒤처지면
내일도 없다

　우리나라 경제는 지난 25년간 고속 성장하며 세계 11위 경제 대국으로 도약했다. 하지만 4차 산업혁명이라는 새로운 파고에는 뒤처지는 모양새다.

　2016년 다보스포럼보고서에 따르면 우리나라의 4차 산업혁명 적응도는 조사 대상 45개국 가운데 25위에 그쳤다. 1위 스위스, 2위 싱가포르를 차치하더라도, 16위인 대만, 22위인 말레이시아보다도 아래다.

　혁신의 속도도 자꾸만 떨어지고 있다. 빨리빨리 한국

은 옛말이 됐고, 중국보다 느려진 게 현실이다.

　기업들은 범용화의 덫에 갇혀 먹거리를 잃어가고 있다. 미래 100년을 내다봐야 할 기업에게 100개월치의 식량밖에 남지 않았다. 인공지능(AI), 사물인터넷(IoT), 무인자동차 등의 4차 산업혁명 분야에서 새로운 먹거리를 찾지 않는다면 기업들은 굶어 죽을지도 모른다.

　다행히 대선을 앞두고 정치권에서 4차 산업혁명을 성장 정책의 기조로 삼고 있다. 미국과 일본, 독일 등 선진국은 이미 4차 산업혁명 시대에 적합한 규제 완화와 핵심 기술의 연구 개발 지원 정책을 도입하고 있다.

　더 이상 머뭇거릴 시간이 없다. 이미 저만치 앞서가는 선진국을 따라잡기에는 지금 가진 게 없다. 혁신을 가로막는 각종 규제부터 없애야 한다.

　신산업 분야에 네거티브 규제를 도입하고, 초고속 사물인터넷망을 구축하는 등 과감한 인프라 투자도 선행돼야 한다. 기업도 멈춰가는 혁신의 엔진을 재가동해야 한다. 창의적인 기업가정신을 살려 도전하고 혁신해야만 4차 산업혁명이 가져다줄 달콤한 열매를 섭취할 수 있다.

모든 것을 바꿀 것이라는 4차 산업혁명에서 더 이상 뒤처지면 기업의 미래도, 대한민국의 내일도, 희망도 없다.

100년 기업, 100개월 시한부 통고받다

|

"지금 우리 기업 수익원도 사양화 단계입니다." 기업인들은 급변하는 대내외 환경에서 자사의 경쟁력이 평균 8.4년가량 유지될 것이라고 입을 모았다.

8.4년을 개월 수로 환산하면 불과 100개월에 그친다. 시장의 변화 흐름이 빨라 환경 변화에 신속히 대처하지 않으면 '100년 기업'은커녕 우량기업도 '100개월 시한부'에 그칠 것이란 게 기업하는 사람들의 생각이다.

기업들이 기술력을 개발했다 하더라도 시장과 경쟁자들은 더 빨리 변한다. 단기적인 대응에 급급하고 중장기적인 변화를 외면한다면 기업은 이른바 범용화의 덫에 매몰될 수밖에 없는 현실이다.

경기도에서 생활용품을 만든다는 중소기업 경영인은

불과 1~2년 만에 상전벽해를 느낀다고 토로했다. 이 업체는 일본이 고추냉이를 여러 식산업에 활용하는 것을 보고 친환경 비누·샴푸 등을 개발했다. 하지만 얼마 안 돼 일본 경쟁사는 화장품을 내놓았고 유럽에서는 고추냉이보다 더 몸에 좋은 성분으로 코스메슈티컬(화장품과 의약품의 합성어)을 시장화했다.

지금의 수익원도 금방 범용화, 사양화되는 시대, 기업들은 살아남으려면 4C를 갖춰야 한다. 4C란 융합(Convergence), 저비용·고품질(Cost saving), 사회공헌(Contribution), 창조적 인재(Creative talents)의 영문 머리글자를 따온 것이다.

이 가운데 가장 중요한 것은 융합이다. 4차 산업혁명의 핵심도 이종 산업과의 융복합이다. 전문가들은 숙기에 접어든 전통산업도 다른 산업과 융합해나간다면 매출을 충분히 늘릴 수 있다고 얘기한다.

실제 우리가 전통적으로 강세를 보이는 ICT, 가전과 자동차, 조선에는 융합을 통한 발전 가능성이 무궁무진하다. 기업들도 미래 융합 기술에 각별한 관심을 갖고 있다. 대한상의가 조사해보니 ICT, 가전업종은 사물인터넷에 가장 큰 관심을 두고 있었고, 자동차나 부품기업들은 인공지능, 3D프린팅, 드론 등을 미래 융합 분야로 낙점한 상태다.

융합에 이어 저비용, 고품질 경영도 중요하다. 범용화 시대엔 제품을 누가 먼저 만드느냐도 중요하다. 하지만 날이 갈수록 좁혀지는 기술 격차를 생각할 때 같은 제품을 얼마나 적게 들여 빨리 만드느냐도 수익률에 직접적인 영향을 미칠 수 있다.

또한, 윤리경영이 중요해진 지금, 소비자들은 같은 제품이라도 착한 기업의 제품에 지갑을 열 것이다. 사양화되는 제품을 되살리려면 창의적인 인재가 필요함에는 두말할 나위 없다.

한국 기업의 3년 생존율은 38%에 불과하다. OECD 조사 대상국(25개국) 중하위권에 그친다.

불황에 쫓겨 단기이익에 급급하다 보면 시장에서 설 자리를 잃게 될 수 있다. 혁명적인 아이디어가 소중한 이유다.

'빨리빨리 한국은 옛말' 중국보다 느려진 혁신 속도

|

"혁신 속도는 중국에도 못 미쳐요. 중국 기업이 시속 100km 변할 때 한국 기업의 변화 속도는 70km 정도나 될까."

울산의 한 반도체부품업체를 방문했을 때 들은 말이다. 중소기업인 이 업체 사장은 중국의 속도전은 상상을 초월한다고 얘기한다. 아직까지는 반도체 분야에서 중국과의 기술 격차가 3~4년 정도 차이 나긴 하나 따라잡히는 것은 시간문제라고까지 했다.

4차 산업혁명이라는 빅뱅을 앞두고 있지만 우리 기업의 혁신 속도는 지지부진하다. '빨리빨리'로 일컬어지는 한국 제조업이 이제는 중국보다 느려진 것이다.

대한상공회의소가 전국의 기업을 대상으로 혁신의 현주소를 조사하면서 "귀 업종에서 지구촌 최고 혁신기업은 어느 나라 출신인가요?"라고 물어보니, 기업들은 구글 등이 포진한 미국, 일본, 중국 등을 꼽았다.

이어 "최고 혁신기업이 시속 100km 변한다고 할 때

귀사는 어느 정도인가"라는 물음에 평균 속도 58.9km
라는 응답도 나왔다. 업종별로는 이른바 電車업종(전자
63.8km, 자동차 65.5km)의 혁신 속도가 그나마 빠른 편
이었고 중후장대업종(조선 57.7km, 철강 54.8km, 기계
52.7km 등)은 다소 처지는 모습을 보였다.

빨리빨리문화를 통해 세계가 놀랄 만한 고속 성장을
일구었던 대한민국이 속도의 경제(Economy of speed)
시대인 지금은 되려 느린 속도로 기어를 변속한 것이다.

자꾸만 느려지는 혁신 속도, 무엇이 문제일까. 가장 큰
문제는 기업 스스로에 있다. 혁신을 위한 사회적 분담 비
율을 기업, 정부, 학계, 정치권으로 나눠봤을 때 6:2:1:1
로 기업의 몫이 가장 컸다.

그러나 우리 기업은 상명하복, 잦은 야근, 구태의연한
회의문화를 비롯한 구시대적 경영프랙티스로 좀처럼 혁
신 엔진을 가동하지 못하고 있다.

물론 오롯이 기업만을 탓할 순 없다. 기업은 빠르게 달
리고 싶지만 온갖 방지턱과 갖가지 신호와 복잡한 도로
가 속도를 떨어뜨리고 있다. 할 수 있는 것만 정해놓도록

지금 준비하지 않으면 미래는 없다

한 포지티브 규제 시스템이 브레이크를 걸고 있다는 뜻이다. 규제라는 걸림돌이 많지 않아 무엇이든 시도할 수 있는 중국에 뒤처지는 이유다.

단기실적에만 성과를 맞춘 지원제도도 문제다. 경남의 조선기자재업체 관계자는 "조선 관련 업종은 연구 개발기간이 길어 착수 단계 자금 지원만으론 성과를 내기 어렵다. 단기실적에 치우치는 자금 지원보다는 제품 양산 단계까지 꾸준히 지원을 해야 비로소 새로운 제품을 개발할 수 있는데, 현재의 지원책은 그렇지 못하다"라고 전했다.

지방에서 엘리베이터사업을 하는 중소기업인은 최고의 혁신 경쟁자로 '구글'을 꼽았다. 엘리베이터와 세계 최고의 IT기업이 경쟁자라니 언뜻 이해되지 않아 이유를 물었더니 이런 답변이 돌아왔다. "구글이 우주 엘리베이터와 같은 신산업 프로젝트를 통해 미래의 경쟁자가 될 것이다"라고.

앞으로의 혁신 경쟁은 업종이나 기업 규모와 관계없이 무제한적으로 이루어질 것이다. 한국 기업이 뒤처지지 않기 위해서는 기업 스스로 파괴적 혁신 노력이 필요하다. 또한 긴 호흡으로 장기간을 내다보는 정부의 지원이 필요하다.

'비행기 타고 온 괴짜들'의 충고

|

"일본은 지고, 중국은 무서운 속도로 따라오고 있다."

시간은 좀 오래됐지만 지난 2011년 독일 베를린에서 열린 유럽 최대 가전·정보기술(IT) 전시회 IFA에서 나온 중국과 일본에 대한 평가다. 일본 전자업체의 쇠락은 최근의 일이 아니다. 일본의 상징이었던 소니는 만성 적자에 허덕이고, 일본 반도체업계 최후의 보루이던 엘피다는 2009년 공적 자금을 투입받기에 이르렀다.

일본 대표 전자브랜드 중 하나이던 산요도 중국 자본에 팔렸다. 글로벌 모바일시장에서 일본 업체들은 존재감을 상실했고 "일본에서 통하면 세계에서 통한다"라는 말도 이제 옛이야기가 됐다.

지금 준비하지 않으면 미래는 없다

과거 일본은 1억 3000만 명에 이르는 탄탄한 내수시장 덕분에 독자적인 기술표준을 고수하면서도 세계시장에서 살아남을 수 있었다. 하지만 기술 수준을 지나치게 일본 내수시장에만 맞춘 나머지 수준은 높되 세계시장의 욕구나 국제표준과 맞지 않아 고립의 길을 걷게 됐다.

글로벌시장에서 경쟁력을 잃게 되자 일본 내수시장마저도 위기에 처했다. 〈뉴욕 타임스〉는 이러한 일본 상황을 '갈라파고스 신드롬'이라고 정의했다. 육지와 멀리 떨어져 독자적으로 진화하면서 경쟁력이 약화된 나머지 외부종이 유입되자 많은 종이 멸종의 비극을 겪은 갈라파고스 섬에 빗댄 것이다.

이처럼 일본 상황을 일컫는 말이던 '갈라파고스 신드롬'이 최근 들어 한국의 IT·인터넷산업에도 적용될 조짐이다. 미국 실리콘밸리의 에인절 투자자 모임인 '비행기 타고 온 괴짜들(Geeks on a plane)'의 창립 멤버 벤저민 조프는 한 언론과의 인터뷰에서 "한국은 IT 세계에서 갈라파고스 섬"이라고 일침을 놓았다. '괴짜들' 중에서도 동아시아에 관한 최고 전문가로 꼽히는 그가 이 같은 표현을 쓴 이유는 뭘까.

먼저 국내 업체들의 지나친 기술 지상주의가 몰락기 일본의 그것과 닮아가고 있기 때문이다.

한국 IT업계가 아이폰 쇼크를 경험한 것도 그 때문인데, 아이폰은 최고 기술의 집합체가 아니라 최고 아이디어의 집약체였다. 국내 IT산업이 지나치게 내수시장에만 초점을 맞추고 있는 것도 문제다.

일찍이 국내 IT기업들은 사이버머니, SNS 등 세계적 비즈니스 모델을 개발했지만 내수시장에만 안주하고 글로벌화에 나서지 않아 구글·페이스북 같은 글로벌 IT기업으로 발돋움하지 못했다.

각종 규제도 IT산업 발전을 저해한다. 전문가는 국내 벤처기업이 성공하기 힘든 이유로 IT산업에 대한 규제를 지적했다. 인터넷 실명제, 게임 콘텐트 사전 심의 같은 '나 홀로 규제'가 발전을 저해한다는 것이다.

일본이 겪은 우를 우리가 범하지 않기 위해서는 기술보다 아이디어를 최우선으로 삼아야 한다. 기술은 아이디어를 실현하는 도구일 뿐이다. 기업은 기술 개발 단계에서부터 세계시장을 내다보고 표준화를 통해 글로벌시장을 확보하는 데 힘써야 한다.

　정부 또한 와이브로의 경우처럼 한국형 표준만을 고집한 과거의 잘못을 되풀이하지 말고, IT산업에 대한 과감한 규제 개혁을 추진해야 할 것이다.

미래 세대 준비

한국 경제 희망 찾기

RE DESIGN KOREA

4차 산업혁명의
핵심 키워드는 융복합이다.
한 전문가는 내게 이런 말을 했다.
"융합을 제대로 하기 위해서는 CEO가
먼저 열심히 배워야 한다. 천리마를 재빨리
알아채는 눈이 필요하다."

천리마를 알아채는 눈을 가진 리더와
혁신적인 도전정신으로 무장한 기업, 창의적인
인재가 융합의 팀플레이를 펼쳐 시한부 선고를
받은 한국 경제를 살려내길 기대한다.

혁신의 꽃은
스컹크 공장에서
핀다

경제 전문가에게 물었다. 대한민국 경제 혁신과 구조 개혁의 추진 속도는 얼마나 되는가. 지지부진하다는 게 전문가들의 공통된 의견이었다. 일부는 거의 이루어진 게 없다고까지 했다.

4차 산업혁명 시대가 도래하면서 혁신은 이제 피할 수 없는 숙명이 됐다. 혁신하지 않는다면 도태될 것이고, 대한민국 경제주권은 미국이나 중국, 일본에 내주게 될지 모른다.

일자리 역시 마찬가지다. 4차 산업혁명은 AI와 로봇, 사물인터넷이 중심축이 될 것이다. 준비하지 않고 있다간 대부분의 일자리를 인공지능에 내주고 말 것이다.

문제는 무엇인가? 갈수록 떨어져가는 혁신 동력의 원인은 무엇일까.

규제 개혁, 서비스업 발전 등 해묵은 과제들이 혁신의 장벽이 되고 있는 것은 이제 누구나 아는 사실이다. 국민도 알고, 정치권도 알고, 기업도 안다. 하지만 잘 되지를 않는다.

때마다 규제 개혁 회의다, 서비스업 발전을 위한 회의다 하지만 시간이 지나면 묻히기 일쑤다. 국민들이 지지하고 역대 정부에서도 수차례 추진했지만, 단기이슈들이 터지거나 대립과 갈등으로 추진 동력은 금세 사그라들고 말았다.

한 우물만 파던 경영 방식도 문제다. 새로운 성장 동력을 미리 예측해 큰 변화의 물결이 일기 전에 미리 준비해야 한다.

구태의연한 기업문화도 바뀌어야 한다. '미생'식 상명

하복으론 혁신의 꽃은 피지 못한다. 자율성과 창의성을 바탕으로 한 '스컹크 공장'식의 혁신이 있어야 한다.

'미생(未生)'식 상명하복보다는
'스컹크 공장'식 혁신으로

|

글로벌 기업들에게 낯설지 않은 '스컹크 공장(Skunk works)'이란 단어가 있다.

2차 세계대전 중인 1943년 미국 국방부는 록히드마틴에 6개월 내로 신형 제트기 설계를 급히 의뢰한다. 당시 록히드는 수석엔지니어를 통해 핵심개발팀 운영을 지시했다. 작업 공간마저 없던 개발팀은 유독물질 공장 옆에 서커스텐트를 치고 악취에 시달리며 연구했는데 거기서 유래해 '스컹크 공장'이라 불리었다.

개발팀 50여 명의 인력은 창의적인 아이디어를 교환하며 한 달이나 빨리 신형제트기 P-80을 완성했다. 록히드는 이 기종을 9000대 이상 팔았고 이후 70년 이상 전

투기시장을 지배했다.

훗날 기업들은 관료주의에 얽매이지 않고 자율성, 창의성을 바탕으로 이루어지는 비밀프로젝트팀을 일컬어 '스컹크 공장'이라고 부르며 혁신의 대명사로 여겼다.

경쟁사 맥도넬더글러스조차 '팬텀 웍스'를 설립했고, 1980년대 중반 IBM은 사업개발팀 EBO(Emerging Business Organization)를 만들어 혁신의 물꼬를 텄다. 2000년대 들면 모토로라, 마이크로소프트, 구글 등이 스컹크 공장식 운영을 시작했다.

특히 구글의 스컹크 공장인 X팀은 '하늘을 나는 제트 배낭', '우주 엘리베이터', '무선인터넷을 가능하게 하는 풍선, 프로젝트 룬' 등의 실험적 아이디어를 내놓고, '문 샷 싱킹(Moon shot thinking, 인간이 처음 달나라에 갈 때처럼 성공 확률 100만 분의 1에 불과하다는 의미)'이라며 최근 기업의 혁신교과서로 활용되고 있다.

흔히 지금을 '규모의 경제(Economy of scale)'를 벗어난 '속도의 경제(Economy of speed)'라 한다. 아이디어가 곧 사업의 원천이고 시장의 트렌드를 정확하고 빠르게 예측하는 능력이 기업의 경쟁력을 좌우하는 시대다. 나아가 창조적 혁신이 산업의 판도를 바꾸고 국가의 흥망을 좌우하는 시대다.

하지만 우리 기업들은 '혁신'이라는 새로운 패러다임 대응에 뒤처지고 있다.

우리 제조업체 중 혁신업체 비중은 일본의 76%, 독일의 46%에 불과하다. 혁신하고 싶어도 방법을 모르고 있거나 혁신 역량도 부족한 기업들이 상당수다.

경제 여건도 녹록지 않다. 실질 GDP 성장률은 4분기 연속 0%대 행진을 이어가고 있다. 한국 경제를 이끌어온 제조업성장률은 금융 위기 이후 처음으로 마이너스(-)를 보이고 있다. 조선, 철강, 석유화학 등 전통산업과 간판급 대기업들은 최근 줄줄이 실적 악화에 시달리는 형편이다.

한국 기업들이 미래를 바라보는 촉(觸)을 길러야 하는 이유다. 최고의 핵심 역량을 보유하고도 미래의 물결을 읽지 못한 노키아나 소니의 전철을 밟아선 안 된다.

실패를 자산으로 여기는 기업문화도 중요하다. 사업

성공률이 낮더라도 혁신적인 수많은 작은 배팅들을 많이 해야 미래 먹거리를 창출할 수 있다.

노키아도 시대를 앞서 애플리케이션 스토어, 터치스크린 등을 개발했지만 '소비에트 스타일'이라 불리는 관료주의 벽에 부딪혀 출시하지 못하고 결국 주도권을 삼성과 애플에 넘겨야 했다.

한국 직장을 사실적으로 묘사했다는 〈미생〉처럼 '일단 전진하면 실패해선 안 돼', '까라면 까라'식의 상명하복에도 혀 깨물고 참아야 하는 군대식문화로는 혁신을 일구기 어렵다.

그나마 한국 경제에도 희망의 빛이 스며 나오는 곳이 있다. 바로 산업 밑바닥이다.

2017년 2월 말 기준 국내 벤처기업 수는 3만여 개로 창업 열풍이 한창이던 1999년(5000여 개)의 6배라 하니 그야말로 '제2의 벤처 열풍'이라 할 만하다. 기술, 사업성을 인정받은 혁신적 IT기업이 테헤란로에만 200여 개, 구로디지털로에는 700여 개에 이른다고 한다.

한국 경제를 일으킬 새로운 혁신 벤처가 더 많이 육성

되고 대기업은 성장 멘토·혁신 멘티 그리고 투자자가 되어 더 큰 혁신과 투자로 연결되는 국가 혁신의 선순환 구조가 안착되기를 기대해본다.

왜 IBM인가… 먼저 새로운 성장 동력을 예측하라

|

저성장의 시대가 지속되면서 세계의 수많은 기업들이 앞다퉈 경영 혁신을 발표하고 있다. 흥미로운 점은 업종과 분야를 막론하고 많은 기업들이 '비즈니스 혁신'을 펼치겠다고 나서는 점이다.

2013년 초 삼성그룹 이재용 부회장은 사장단 회의에서 서비스 회사, 소프트웨어 중심 회사로의 혁신을 강조하며, 벤치마킹 모델로 IBM을 꼽았다.

권오준 포스코 회장도 고객 친화형으로 조직을 정비한 것이 취임 이후 가장 큰 보람이라고 소개하며 IBM처럼 고객 친화형 제품 개발로 승부할 것이라고 밝혔다.

이처럼 많은 기업들이 IBM을 벤치마킹하고 있는 이유

는 무엇일까.

그 해답은 IBM의 끊임없는 비즈니스 모델 혁신에 있다. 1993년 회장으로 취임한 루이스 거스너는 모든 기술 관련 문제를 한곳에서 처리해주는 서비스가 고객가치를 창출한다며, IBM을 통합된 솔루션을 제공하는 회사로 변혁을 도모했다.

거스너에 이어 샘 팔미사노 회장은 고부가가치사업 영역으로 포트폴리오 변화를 추구해 서비스와 소프트웨어 중심으로 사업 고도화를 추진, 하드웨어 중심의 사업 구조 탈피와 고부가사업 영역으로의 포트폴리오 변화를 가속화했다. 이를 위해 프라이스워터하우스쿠퍼스(PwC) 컨설팅 부문을 인수하면서 PC사업 부문을 매각했다.

2014년 초 버지니아 로메티 회장은 데이터, 클라우드, 참여·연계 시스템에 따른 IBM 비즈니스 모델 혁신을 발표했다. 이와 함께 인지컴퓨팅 왓슨을 상용화해 미래 컴퓨팅의 지형을 바꾸기 위한 시도를 추진 중에 있다.

IBM의 이 같은 비즈니스 모델의 혁신을 벤치마킹하기 위해선 먼저 미래를 내다보는 안목을 길러야 한다.

지금 준비하지 않으면 미래는 없다

향후 기업의 성장 동력과 시장기회가 있는 미래 먹거리 발굴 조직을 갖추고, 필요한 자원을 전폭적으로 지원해야 한다.

IT 전 분야에 대한 역량을 갖고 있는 IBM의 사업 구조는 고객들의 모든 기술 관련 문제를 원스톱으로 해결해 줄 수 있는 부분을 단점보다는 장점으로 판단했다.

조직을 미래 성장 동력 위주로 재편하고 빠르고 신속한 고객서비스를 위해 대규모 자원을 투자했다. 그리고 인수합병(M&A)과 사업 매각, 비즈니스 모델 혁신, 비즈니스 생태계 확대 등의 다양한 전략을 통해 신성장 동력을 찾고 있다.

다음으로 필요한 것은 지속적인 투자와 전 조직 차원의 헌신이다. IBM은 매년 60억 달러를 연구 개발에 투자하며 '회사와 세상을 위한 혁신'이라는 기업 가치를 기반으로 경영진에서부터 직원까지 혁신의 리더십을 실천하고 있다. 비즈니스와 사회가 움직이는 방식을 변혁해 새로운 시대를 열어가기 위해 끊임없이 노력하고 있는 것이다.

마지막으로 실패를 두려워하지 않는 기업문화의 정착이 요구된다. 기업이 혁신하기 위해서는 다양성을 인정하고, 실패를 두려워하지 않는 개방적인 기업문화가 정착돼야 한다.

IBM의 2대 CEO였던 토머스 왓슨 주니어는 "모든 기업은 기업 내에 '야생 오리(Wild Ducks)'가 필요하다"라고 강조했다. 즉 새로움을 추구하는 소수의 직원을 존중하고, 남들과 다르게 생각하는 그들의 독특한 아이디어를 수용해야 한다는 것이다.

과거 1980~90년대 기업가정신의 성공 스토리를 꼽으라면 '한 우물을 파라'였다. 사업 다각화보다는 핵심 역량 강화에 집중하라는 것이다. 그러나 IBM은 달랐다. 새로운 성장 동력을 미리 예측하고, 큰 변화의 물결이 일기전에 인력을 재배치해 변화에 대처했다.

물론 기업경영자들이 과감하고 신속한 결정을 내리는것은 쉽지 않다. 속도의 시대, 융합의 시대인 지금은 나의 핵심 역량을 다른 사람과 합칠 줄 알고, 바꿀 줄도 알며, 과감하게 버릴 줄도 알아야 하는 시대가 됐다.

혁신과 융합으로 미래를 선도할 새로운 기업가정신 '시즌2'가 필요한 이유다.

세제 지원 없인 4차 산업혁명 없다

'2016년 세법개정안'이 2월 공포됐다. 경제 활성화, 민생 안정, 공평 과세, 조세제도 합리화라는 네 가지 방향성을 담고 있는데 신산업과 서비스업에 대한 지원책이 주목된다.

이러한 때 신산업 기술 R&D와 개발 기술의 사업화 시설 투자에 대한 세제 지원 확대는 기업에 단비 같은 소식이다. 신산업 선점은 새로운 미래를 열 수 있는 핵심인 만큼 적극적인 세제 지원으로 고위험 투자 리스크를 분담할 필요가 있다.

신산업 지원과 함께 서비스업 지원 방안도 시의적절하다. 세계적인 수요 부진과 중국의 추격으로 제조업 수출 위주의 싱글 엔진만으로는 한국 경제가 더 이상 버티기 어렵다. 이러한 상황에서 새로운 성장 동력이 돼야 할 서비스업은 수년째 정체 상태다.

국내총생산(GDP) 대비 서비스업 부가가치 비중을 살펴보면 주요 7개국(G7)은 평균 70% 내외이나 한국은 2010년 이후 60% 수준에서 답보 상태다. 서비스업 노동생산성도 경제협력개발기구(OECD) 가입국 중 최하위 수준이다.

주요국에 비해 한참 뒤져 있는 서비스업 경쟁력을 끌어올리기 위해서는 조세 지원이 절실하다.

정부는 이번 세법개정안에서 문화콘텐츠 진흥 세제를 신설하고 고용·투자에 대한 세제 인센티브 적용 대상을 네거티브 방식으로 바꾸기로 했다.

이러한 세제 지원은 한국 경제의 성장 방식을 제조업과 서비스업의 듀얼 엔진, 수출과 내수의 균형 성장으로 전환하는 데 큰 보탬이 될 것으로 전망된다.

일각에서는 이번 세법개정안이 재정 여건을 악화시킬 수 있다고 우려한다. 하지만 정부가 비과세·감면을 꾸준히 정비하고 지하경제 양성화에 힘쓴 결과 2013년 이후 국내 조세부담률은 상승 추세에 있다.

2015년 조세부담률은 18.5%로 1년 새 0.5% 올랐고 2016년에는 19% 안팎까지 상승할 것으로 예상된다.

비과세·감면 정비 내용을 들여다보면 소득세와 부가가치세 감면액이 증가한 반면 법인세 감면액은 2011년 9조 2000억 원에서 2015년 6조 8000억 원으로 크게 감소했다. 총 국세 감면액 중 법인세 감면액이 차지하는 비중도 2011년 31.1%에서 19.0%로 대폭 감소했다.

인구 구조 변화, 복지 수요 확대 등으로 중장기 재정 리스크가 우려된다면 세금을 얼마나 더 걷을지에 앞서 가장 효율적인 재정 지출 방안을 고민하는 것이 먼저다.

이런 측면에서 정부가 추진하고 있는 '재정건전화법'은 지출에 대한 규율 강화로 재정의 중장기 안전성을 도모하는 데 기여할 것으로 보인다.

20대 국회 출범 후 법인세율 인상 논쟁이 가열되고 있다. 기업소득환류세제 강화, R&D·투자 세액공제 축소 등 기업의 부담을 늘리는 법안이 계속 만들어지고 있다. 산업 경쟁력 강화를 위해 적극적인 조세 정책을 펼쳐나가고 있는 세계적 흐름과 대조되는 모습이다.

OECD 주요국은 어려운 재정 여건에서도 산업 경쟁력 강화를 위해 법인세율만큼은 인상하지 않고 오히려 인하하고 있다. R&D 투자에 대한 세제 지원 확대로 혁신 여건 조성에도 심혈을 기울이고 있다.

한국 경제를 위한 마음과 목표는 모두가 같겠지만 방법론에서는 다양한 시각이 있을 수 있다. 앞으로 논의 과정에서 이해관계자들의 활발한 소통이 필요한 이유다.

이념 논쟁으로 시간을 버리기에는 한국 경제를 위한 골든타임이 얼마 남지 않았다. 우리 경제가 도약할 수 있는 새로운 디딤돌이 하루속히 놓이기를 기대한다.

한국 경제 희망 찾기

RE DESIGN KOREA

꽃이 피려면 식물의 줄기는 건강해야 한다.
적당한 물과 충분한 햇빛도 필요하다.
뿌리가 올바로 설 토양도 필요하다.

발아를 가로막는 규제를 과감히 걷어내고,
과감하고 획기적인 지원책을 뿌려줘야 한다.
그래야만 혁신의 꽃이 비로소 활짝 피게 된다.

발상의
전환이 미래를
바꾼다

가정으로 시작해보자.

4차 산업혁명을 위한 기반이 갖춰졌다. 신산업 분야가 태동하기 위한 네거티브 규제도 도입됐다. 고용 창출을 위한 노동 개혁과 사회적 대타협도 이뤘다. 그런데 과연 이것만 갖고 미래를 대비할 수 있을까.

이전과는 비교할 수 없을 정도로 새로운 기술에 의존한 산업 구조 개편이 일어나는 이때, 창의적이고 혁신적인 사고가 결합되어야만 한다.

하던 일, 했던 일, 하고 싶은 일만 해서는 미래가 없다. 하지 않았던 일, 가보지 않은 길을 가야만 새로운 일이 생기고, 먹거리도 생겨난다.

투자의 귀재 워런 버핏이 날씨시장으로 간 까닭도, 2차 세계대전에서 패전을 거듭하던 연합군이 승리했던 것도 발상의 전환이 있기에 가능했다. 전에 겪어보지 못했던 거대하고 새로운 파고 앞에서 해오던 방식으로 배를 운행해선 난파하고 만다.

가정에서 시작했지만 현실의 우리는 뒤처져 있다. 신산업을 위한 기반도 없고, 대타협도 아직까지 요원한 상태다. 게다가 창의적인 아이디어도 아직까지 찾을 수 없다.

일하고 싶은 대한민국이 해내야 할 또 하나의 과제는 바로 발상의 전환이다.

워런 버핏이 날씨시장으로 간 까닭은
|
2005년 8월 허리케인 '카트리나'가 미국을 강타해 루

이뷔통 같은 명품업체가 초비상이 걸린 적이 있다. 세계 악어가죽 공급의 85%를 차지하는 루이지애나 주 양식 악어 150만 마리가 거의 죽어 악어가죽 가격이 폭등했기 때문이다. 2만 1000달러(약 2400만 원)짜리 루이뷔통 악어가죽 재킷은 생산이 중단됐고 살바토레 페라가모 악어구두 가격도 2배가량 치솟아 큰 피해를 봤다.

이때 수익을 거둔 이도 있었으니 바로 투자의 귀재 워런 버핏이다. 카트리나에 놀란 플로리다 주정부는 워런 버핏과 '허리케인 피해가 발생하면 (버핏이) 40억 달러의 주정부 채권을 매입한다'는 헤지(위험 대비) 계약을 맺었다. 피해 복구 자금줄을 마련해놓으려는 것이었다. 하지만 이듬해 허리케인은 잠잠했고 버핏은 헤지 계약의 대가로 2억 2000만 달러(약 2500억 원)를 고스란히 챙겼다.

『워런 버핏이 날씨시장으로 간 까닭은』이란 책에 소개된 일화다.

최근 지구온난화와 이상기후로 경제기상도가 급변하고 있다. 우리도 예외는 아니어서 100년 만의 가뭄과 연일 35도를 훌쩍 넘는 무더위가 지속되는가 하면 난데없이 국지성 폭우가 쏟아지기도 했다. 이에 따라 국내 산업계도 희비가 엇갈리고 있다.

폭염이 이어지던 여름으로 돌아가보자. 불황 속에서도 반짝특수를 누린 제품이 꽤 많았다. 한 대형 마트의 여름 장부를 들여다보면 에어컨은 진열상품까지 동나는 품귀현상을 빚으며 40% 매출 증가를 기록했고 대형 선풍기는 57%, 쿨매트는 100배 이상 판매가 늘었다.

열대야 속 '치맥(치킨과 맥주)'을 즐기려는 사람도 늘어 수입맥주가 59%, 치킨은 30% 껑충 뛰었다고 한다.

날씨는 이제 필수 체크포인트다. 상품마다 잘 팔리는 온도부터 따로 있다. 반소매셔츠는 섭씨 영상 18도부터 많이 팔리고 에어컨은 19도, 아이스크림은 22도부터라고 한다.

온도가 더 오르면 수박(26도), 방충제·물티슈(29도)가 제철을 만난다. 반대로 온도가 내려갈 때는 13도부터 뜨끈한 어묵이 잘 팔리고 스웨터(영하 4도), 오리털 파카(영하 8~10도) 순으로 판매가 늘어난다.

이제 '비 오면 짚신 장수 아들 걱정, 안 오면 우산 장수 아들 걱정'식으로 앉아서 날씨만 걱정할 게 아니다. 날씨를 유가나 환율·금리처럼 중요한 경영 변수로 인식해야 한다. 나아가 기상이변을 새로운 사업 기회로 활용해야 할 필요성도 엿보인다.

기상 선진국 미국은 기상시장 규모만 9조 원이다. 1500억 원에 불과한 국내시장에 견줘보면 어마어마하다. 1980년대부터 매년 평균 5%씩 꾸준히 성장하다가 카트리나로 수천 명의 피해가 발생한 이후에는 4.5배 수준까지 급팽창했다.

기상산업은 일자리의 보고이기도 하다. 미국은 기상정보를 다루는 방송·신문 등을 비롯해 기상관측기기, 기상 컨설팅, 기상 시스템 개발 등의 분야에서 4만여 일자리를 만들어냈다.

폭우나 폭염으로 인한 피해를 보상해주는 '날씨보험'이나 '날씨 파생상품'도 선보이고 있다. 기상이변 피해를 감정하는 '기상감정사', 기상재해를 대비해주는 '재해 컨설턴트' 등 이색 직업도 생겨나고 있다.

최근 우리 정부도 다양한 기상산업 육성 정책을 내놓고 있다. 2012년부터 기상정보를 활용해 피해에 대비하고 수익을 창출하는 기업에는 '날씨경영 인증'을 해주고 있다.

날씨(Weather)와 내비게이션(Navigation)을 합친 '웨비게이션'도 출시했다. 차량이 있는 지역의 기온과 습도, 안개, 도로 결빙 같은 세세한 기상정보를 제공해 교통사고를 방지한다는 것이다.

"날씨가 세계 경제의 80%를 좌우한다"라는 말이 있을 정도로 날씨가 기업활동과 국민생활에 미치는 영향이 커지고 있다. 무쌍한 기상환경 변화 속에 기업경영에 미치는 치명적 위협을 최소화하고 새로운 기회를 찾기 위해 적극 나서야 할 때다.

'21세기의 원유' 빅데이터

|

제임스 딘이 주연을 맡았던 영화 〈자이언트〉를 보면

인디언들이 시커먼 물이 고인 웅덩이를 몹쓸 땅이라며 제임스 딘에게 헐값으로 팔아넘기는 장면이 나온다. 인디언들의 눈에 아무짝에 쓸모없어 보이던 시커멓고 끈적끈적한 그 액체는 바로 '검은 황금' 원유였다.

인디언들에게 그저 검고 끈적거리는 불편한 '기름 덩어리'에 불과했던 원유는 20세기 산업화 시대 경제성장과 물질적 풍요를 이루는 기반이 되었다.

산업화 시대에 원유가 핵심 자원이었다면 21세기 스마트 시대에는 빅데이터가 새로운 자원으로 부상하고 있다. 불과 몇 년 전만 해도 저장 공간을 차지하는 불필요한 컴퓨터 속 '기름 덩어리'로 인식되었던 빅데이터가 중요한 자원으로 환골탈태하고 있는 것이다.

빅데이터란 대량으로 수집한 데이터를 분석하여 가치 있는 정보를 추출하고, 생성된 지식을 바탕으로 능동적으로 대응하거나 변화를 예측하기 위한 정보화 기술을 의미한다. 글로벌기업들은 과거에 불가능했던 일을 빅데이터를 통해 현실화하며, 새로운 성장 동력 확보에 적극 활용하고 있다.

미국의 자동차회사 '포드(Ford)'는 차량에 설치된 센서를 통해 운전자의 주행 습관과 주행환경에 대한 데이터를 수집했다. 이렇게 수집된 빅데이터를 분석해 고객의 숨은 니즈(needs)를 찾아내 신제품에 반영하고 있다.

스페인 패션기업 '자라(Zara)'도 상품 수요의 예측, 매장별 적정 재고 산출, 상품별 가격 그리고 운송 계획까지 모두 실시간으로 수집되는 빅데이터 분석을 통해 의사결정을 내리고 있다.

구글 또한 수억 건의 빅데이터를 바탕으로 50여 개의 언어 자동번역 프로그램을 개발해 전 세계인의 큰 호응을 얻고 있다.

이처럼 빅데이터 활용에 적극 나서는 글로벌기업에 비해 국내 기업들의 빅데이터 활용은 아직까지 저조한 상태다.

대한상의가 국내 기업 500개 사를 대상으로 빅데이터 활용 현황을 조사한 결과, 응답 기업 81.6%가 '활용하지 않고 있다'고 답했다. '활용하고 있다'는 기업은 7.5%에 그쳤고, '향후 활용 계획이 있다'는 답변도 10.9%에 불과했다.

또한 빅데이터를 활용 중이거나 활용 계획이 있는 기업을 대상으로 '빅데이터 활용 분야'를 묻는 질문에 마케팅(47.3%), 관리·운영(41.9%), 고객서비스(36.6%) 분야를 답한 비율이 높은 반면, 전략기획(24.7%), 연구·개발(20.4%) 등은 상대적으로 낮았다.

빅데이터 활용뿐 아니라 관련 기술력도 선진국에 견줘 뒤지고 있다. 2013년 한국전자통신연구원의 발표에 따르면 빅데이터 핵심 기술은 선진국보다 2년 이상 뒤지고 있는 것으로 나타났다.

우리나라는 IT 강국이라는 명성에 걸맞지 않게 빅데이터 분야에서는 약소국 신세를 면치 못하고 있다. 더욱이 최근 발생한 개인정보 유출 사고도 빅데이터산업 확산에 걸림돌로 작용하고 있다. 개인정보 보호에 대한 중요성이 강조되면서 기존에 추진되었던 사업들이 지연되거나 축소되고 있는 상황은 매우 우려스럽다.

빅데이터산업 육성을 위해서는 '가치 있는 공공데이터를 개방'하고 '전문 인력을 양성'해야 한다. 데이터를 분석하고 전략을 조언하는 고급 인력 데이터사이언티스트를 일반 개발자와 동일하게 평가하는 풍토에서는 빅데이터산업 활성화를 기대하기 어렵다.

아울러 빅데이터산업을 개인정보 침해로 동일시하거나 진화된 빅브라더로 오해해서는 안 되며 빅데이터의 안전한 활용을 위한 법·제도적 기반 마련과 더불어 개인정보에 대한 과도한 규제 개선도 서둘러 해결해야 할 과제이다.

뒤처진 우리에겐 골든타임이 얼마 남지 않았다. 자칫하다간 우수한 기술력과 창의적 서비스로 무장한 수많은 글로벌 '제임스 딘'에게 국내시장을 잠식당하는 〈자이언트〉 속 인디언들이 우리의 자화상이 될 수 있기 때문이다.

영국 암호 해독 비밀요원

│

2차 세계대전이 시작될 무렵, 영국군에게 히틀러만

큼이나 가장 큰 골칫덩이는 독일군 암호기계 '에니그마 (Enigma)'였다. 언뜻 봐서는 타자기처럼 생겼으나 내부의 복잡한 과정을 거치면 해독이 불가능한 난공불락의 암호 체계로 유명했다.

이에 대한 해독 기술이 없었던 연합군은 패배를 거듭하기 일쑤였다. 군사 암호 전문가들로는 해독이 불가능하다고 느낀 영국 정보당국은 1939년 '블레츨리 파크 (Bletchley Park)'라 불리우는 시골마을에 암호 해독 본거지를 만들었다. 그리고 이집트 상형문자 전문가, 십자말풀이 전문가, 체스 챔피언, 당대 최고의 수학자 등 '의외의' 인물들을 비밀리에 불러모았다.

'복잡한 수학연산이 반영된 암호 해독에는 수학적 이해력과 창의력이 필수'라고 생각한 정보국의 해법은 적중했다. 이듬해 3월 블레츨리 파크 요원들의 수학적 논리를 응용한 해독 시스템은 전세를 역전시키는 데 큰 공헌을 하였다. 게다가 암호 해독 과정에서 발생한 연구의 부산물들이 훗날 응용과학의 초석이 됐다.

특히 암호 해독을 위해 개발된 기계는 '현대적 컴퓨터'

의 모태가 됐고 암호 해독 아이디어는 '인공지능'의 토대가 됐다. 기초과학의 힘을 여실히 보여주는 사례다.

사실 휴대전화, 컴퓨터, 자동차, 우주선을 만드는 데만 기초과학을 사용하는 시대는 이미 지났다. 수학 공식으로 날씨를 예측하고 고수익 금융상품을 만들어낸다. 또 경기 변동의 원인을 설명하고 정책 효과를 분석해내는 데 미적분뿐만 아니라 물리학까지 동원하고 있는 현실이다.

이러한 중요성을 인식한 정부도 최근 기초과학에 대한 적극적인 투자에 나서고 있다. 2017년 기초연구사업 예산은 지난해 1조 1000억 원 대비 1600억 원 올린 1조 2600억 원을 책정했다. 여기에 연구가 실패하더라도 창의적 연구라면 지원을 끊지 않겠다는 '성실 실패 용인제도'도 도입한 상태다.

그러나 사회적 인식은 여전히 뒤처져 있다. 3년간 이공계 대학에서 이탈한 학생이 무려 5만 6000명에 이르고 있고 신입생 정원을 못 채우는 기초과학 관련 학과가 흔하다.

기초과학은 직접적인 경제적 가치를 생산해내는 것이 아니다. 하지만 기초과학이 지닌 창의력은 모든 과학적 결과물의 모태가 되며 쉽게 따라 할 수 없는 독특한 발명으로 이어진다는 것을 명심해야 한다.

　　한때 'IT 강국'임을 자부하던 우리의 최근 성적표는 초라하다. 일부 주장처럼 소프트웨어산업에 대한 투자 부족이 이유일 수 있다. 하지만 소프트웨어도 결국 수학적 논리의 산물임을 볼 때 지금 우리에게 가장 시급한 것이 무엇인지는 진지하게 고민해봐야 한다.

적벽대전에서 제갈량은
동남풍이 불기를 꿇어앉아 기도했다.
카트리나가 휩쓸고 간 미국 땅에서 워런 버핏이
가만히 앉아 있었다면, 2차 세계대전에서 독일군
암호기계가 고장 나길 기도만 했다면 어땠을까.

세상은 시시각각 변하는데 가만히 앉아
기도만 해서는 아무런 소득이 없다. 되려 당하고
말 것이다. 21세기판 원유가 쏟아지고 인공지능이
대세로 자리 잡은 지금, 했던 일, 하고 있는 일만
해서는 그 어떤 열매도 얻지 못할 것이다.

남의 돈
벌어먹기는
쉽지 않다

　몇 년 전, 드라마 〈미생〉이 화제였다. 직장인의 애환을 바둑에 빗댄 이 드라마의 매력은 '리얼리티(Reality)'다. 직장이라는 현실에서 분투 중인 주인공들의 에피소드가 실제 직장인들의 얘기와 맞닿아 있었다. 어리바리 사회 초년병 장그래, 어리바리와 프로페셔널 사이 김동식 대리, 생계형 샐러리맨의 표상 오상식 과장의 모습이 한데 섞여 '남의 돈 벌어먹기가 쉽지 않다'는 명제를 실현한다.

　드라마 속 말마따나 남의 돈 벌기는 정말 어렵다. 제품 하나를 만들려면 천문학적인 R&D 비용이 들고, 수많은 인재가 달라붙어 인고의 시간을 보내야 한다. 만들어놔도 팔기가 쉽지 않다. 물건 하나에 수많은 대체재가 존재하고, 경쟁자도 무한하다. 애써 만들어 기껏 출시했더니 후발 경쟁자가 어느새 턱밑만큼 쫓아온다. 잘 팔리나 싶더니 어느새 제품은 성숙기에 들어서 수익률은 줄어들고, 시장은 새로운 제품을 내놓으라 한다.

무한 경쟁의 파고 속에 미래 먹거리를 찾기 위해서는 새로운 일을 벌여 소비자의 심장을 쿵쾅거리게 할, 이성이 아닌 감성을 사로잡을 물건을 만들어야 한다. 좁은 내수시장을 벗어날 새로운 시장도 확보해야 한다.

심쿵할 제품을 만들어 새로운 시장에 내다 파는 일, 미생의 한국 경제가 완생의 길로 나아갈 묘수다.

벤처 창업, 꽃길 지나니 흙길이더라

|

한국의 창업 소요기간은 단 4일이다. 스타트업 천국 미

국의 5.6일보다도 짧다. 세계은행의 기업환경보고서에 따르면 10년 전만 해도 22일로 세계 97위였던 창업 경쟁력 순위가 11위까지 뛰어올랐다. 창업 진입장벽도 크게 낮아졌다. 이 같은 지원에 힘입어 2016년 벤처기업 수는 사상 최대치인 3만 개를 웃돌았다.

하지만 창업 후 3년을 넘기는 기업은 전체의 38%에 불과하다. OECD 조사 대상 26개국 중 25위 수준이다. 창업 꽃길을 지났더니 성장 흙길을 걷게 된 셈이다.

성장을 막아선 장벽은 민간 중심의 벤처 투자 생태계 미비에 있다. 미국의 스타트업기업이 중견기업을 거쳐 대기업으로 성장할 수 있었던 이유는 에인절 투자 등 민간 투자가 활발히 일어났기 때문이다.

아이디어로 무장한 젊은이들이 창업을 하고, 선배 기업인들과 에인절 들이 투자를 하고, 스타트업은 성장한다. 이렇게 성장한 스타트업기업이 다시 창업기업을 돕는 선순환이 이뤄지고 있는 것이다.

그러나 우리나라는 그렇지 못하다. 아이디어 상품을 개발해놓고 이후 투자를 받지 못해 얼마 못 가 고꾸라지고 있다. 실제 전기부품을 개발한 어느 회사 대표는 '정부의 자금 지원 덕에 제품을 개발했지만 창업 6개월 만에 바닥났다'며 '단기실적에 따라 투자가 몰리는 부익부 빈익빈 현상도 심각해 안정적 자금 조달이 힘들다'고 호소했다.

제품을 만들어놓고 팔 곳도 마땅치 않다. 창업기업에게 전국적인 유통 판매망이나 해외 수출 경험이 있을 리만무하다. 벤처기업 10곳 중 7곳이 판로 개척에 어려움을 겪고 있다는 조사도 있다. 벤처기업 입장에서는 만들기만 하면 되는 줄 알았는데, 파는 것도 만만치 않다는 뜻이다.

한 벤처기업인은 '유통 벤더를 만나 사업제안서를 들이밀고, 제품 시연도 했지만 모두 허사였다'고 했다. 사정은 이렇다. 투자자들은 제품을 단순히 판매하기보다는 제품의 권리를 갖고 싶어 하기 때문이다. 물고기를 잡아 판매하러 갔더니 물고기를 잡는 낚시법까지 요구하는 것이다.

정부 정책의 방향도 조금은 달라질 필요가 있다. 출발

선에서 스타트를 지원하는 것만이 아닌 출발한 주자들이 속도를 높여 끊임없이 달릴 수 있도록 해야 한다.

IPO 규제를 간소화하고, M&A를 활성화해 민간의 자금이 벤처기업에 흘러갈 수 있도록 해야 한다. 판로 개척 지원도 중요하다. 전국의 유통 벤더들과의 협업 체계를 구축해 내수 판로를 열어주고, 해외시장 진출을 적극 지원해야 한다.

창업 소요시간이 여권 발급시간보다 빠를 정도로 창업 환경은 개선됐다. 기술력 높은 혁신 벤처들도 하나둘씩 나오고 있다. 대기업은 M&A를 통해 기술과 인재를 확보하고, 벤처기업은 민간 투자를 바탕으로 새로운 사업에 도전할 수 있는 대기업과 창업기업 간 상생의 혁신 생태계 조성이 시급하다.

창업과 '건축학개론'

|

'우리 모두는 누군가의 첫사랑이었다'는 영화 〈건축학

개론〉은 첫사랑의 추억을 간직하고 있는 많은 이들의 심금을 잔잔히 울린다.

삐삐와 펜티엄 컴퓨터 같은 복고풍 소재, 주제곡인 전람회의 노래 〈기억의 습작〉은 1990년대에 청춘의 한 시절을 보낸 30~40대의 감성을 자극하기에 충분했다.

영화 속에서 여주인공 서연을 위해 지어지는 집 또한 잔상을 오래 남긴다. 바다를 향해 낸 넓은 창이 인상적인 이 집은 제주도의 뛰어난 풍광을 끌어들인다.

서연의 집을 바라보면서 내가 꿈꾸는 집을 상상해봤다. 창문을 열면 푸른 바다가 펼쳐지고 석양 녘에는 붉은 노을이 거실을 물들이면 좋겠다. 밤이면 지붕 위로 수많은 별들이 쏟아질 듯 빛날 것이다. 또 폭풍우가 몰아쳐도 집에만 있으면 평화로움을 느낄 만큼 튼튼했으면 한다.

이런 몽상을 하노라니 집을 설계하고 건축하는 일이 사업을 기획하고 실행하는 창업의 과정과 닮았다는 생각이 든다. 대학에서 건축공학도가 기초과목으로 수강하는 '건축학개론'에는 건축물이 갖춰야 할 세 가지 기본 요건이 나온다고 한다. 건축물을 세운 목적을 충족시켜야 하고, 구조상 튼튼해야 하며, 아름다워야 한다는 것이다.

창업에도 세 가지 기본 요건이 필요하다. 자영업처럼 조그마한 가게를 열든, 새로운 아이디어를 기반으로 벤처기업을 세우든 다르지 않다.

우선 사업의 목적은 이윤을 남기는 데 있으므로 재화나 서비스를 팔아 수익을 낼 수 있어야 한다. 또 시장 상황이나 경기 변동에 쉽게 흔들리지 않는 튼튼한 사업 구조를 갖춰야 한다. 여기에 더해 판매하는 재화나 서비스가 고객을 감동시킬 만큼 아름답다면 금상첨화다.

하지만 우리나라에서는 장밋빛 청사진만으로 창업하는 이가 많다. 통계에 의하면 매년 100만 명이 넘게 사업을 시작하지만 동시에 매년 80만 명 이상이 폐업한다고 한다. 약 60%의 중소기업이 설립된 지 5년을 넘기지 못하고 무너진다는 보고서가 있고, 직장에서 은퇴한 베이비붐 세대가 자영업에 나서지만 90%가 넘는 이들이 실패한다는 분석도 있다.

몇몇 청년 기업인의 성공신화가 종종 회자되지만 실제 성공하는 벤처기업은 7%에 불과하다. 이처럼 창업 성공률이 낮다는 사실은 부실한 건축물처럼 현재의 창업 과정에 무엇인가 문제가 있다는 점을 드러낸다.

전문가들은 창업에 실패하는 이유 중 하나로 많은 창업자가 비교적 손쉬워 보이는 '폼 나는 업종'을 선호하기 때문이라고 지적한다. 커피 전문점이나 베이커리 같은 업종은 경쟁이 치열하기 때문에 차별화할 요소가 없을 경우 실패할 확률이 높은데도 별다른 노하우가 없는 이들이 이 업종에 뛰어든다는 것이다.

반복적인 창업 실패는 당사자뿐 아니라 나라 살림에도 주름이 지게 한다. 특히 모든 자산을 쏟아 부어 자영업을 시작한 퇴직자들은 사업에 실패할 경우 빈곤층으로 전락할 수 있다. 이는 세수 감소와 복지 부담 증가로 이어진다. 창업 성공률을 높이는 것이 국가적으로도 중요한 과제가 되는 것이다.

성공적인 창업을 하려면 어떻게 해야 할까. 우선 아름다운 건축물을 짓는 것처럼 사람들의 이목을 끌 만한 사업 아이디어를 찾는 것이 중요하다.

그렇다고 아이디어가 반드시 기발하고 획기적이어야

하는 것은 아니다. 티켓몬스터 창업자는 기존의 것과는 조금 다르게, 조금 더 쉽게 만드는 아이디어로 고객에게 새로운 가치와 만족을 주는 것이 창업의 성공 비결이라 했다.

다음으로 건축 도면을 그리듯 창업 아이디어를 치밀하게 분석하고 구체화해야 한다. 여기서 주의해야 할 것은 자신의 입장에서 사업을 낙관적으로 분석하지 말아야 한다는 점이다. 창업자의 역량이나 자금과 같은 투입요소뿐만 아니라 고객의 시선에서 객관적인 투자환경과 시장 수요를 살펴야 한다.

'점진적으로 해야 성공 확률이 높아지고 2단계, 3단계 실패해도 재도전할 수 있다'는 어느 벤처기업인의 조언도 곱씹어볼 필요가 있다. 프랜차이즈의 과장된 선전이나 주변의 말에 혹해 달걀을 한 바구니에 담는 우를 범해서도 안 될 것이다. 영화 〈건축학개론〉은 시나리오 초고가 나온 때부터 극장에서 관객에게 실제 상영되기까지 10여 년의 세월을 절차탁마했다고 한다.

정부의 도움 역시 절대적으로 필요하다. 개인이 혼자

힘으로 사업에 성공하기란 쉽지 않다. 공정한 산업 생태계를 조성하고 에인절 투자자를 육성해 많은 이가 창업에 적극 나설 수 있도록 지원해야 한다.

살아 있는 기업가정신과 활발한 창업이야말로 자본주의 시장경제를 건강하고 아름답게 꽃피우는 것이다.

'심쿵' 쇼핑학

|

AOA 멤버 '설현'이 대세로 떠오른 적이 있었다. 순수한 외모와 건강미, 털털한 성격으로 인기를 얻으며 대한민국 홍보대사로도 위촉됐다. '입간판 여신'으로도 유명하다. 그녀의 전신을 담은 한 통신사 대리점 패널, 시트지, 배너를 떼어 가는 도난 소동이 벌어질 정도로 인기다.

얼마 전에는 일명 '설현폰'이 출시돼 3주 만에 초도 물량이 완판되는 진기록을 내기도 했다. 저렴한 가격과 빼어난 사양의 실속형이기도 했지만 젊은 세대 감성을 3년간 빅데이터로 분석해 디자인했고 설현을 절묘하게 투영시킨 점도 성공 포인트였다는 것이 안팎의 분석이다.

디지털 기술이 본격화하기 시작한 20여 년 전만 하더라도 시장은 신기술 확보전이었다. 고(高)스펙 제품을 저렴하게 제공하는 것이 시장을 점령하는 길이었다. 지금은 이것만으론 부족하다. 기술에 덧붙여 디자인, 사용 편의성, 브랜드 이미지 등 소비자 감성에 어필해야 대박 제품이 탄생하는 시대가 됐다. 시쳇말로 소비자의 심장을 쿵쾅거리게 하는 '심쿵 제품'이 대세다.

실제로 가전시장의 주도권은 2030 여심(女心)으로 넘어가고 있다. 테크파탈(Tech fatale, 기술+팜므파탈 합성어)이라는 말이 나올 정도다. 자동차시장에서는 연비·동력·가격 3박자 외에도 디자인·오디오 대전이 벌어지고 있다. 생활가구, 유아용품은 북유럽 감성을 어떻게 담아내는지가 초미의 관심사로 '스칸디맘(Scandi+Mom)'이란 신조어까지 생길 정도다. SNS의 경쟁력은 전송 속도, 사용료가 아닌 이모티콘, 사용자환경(UI) 등으로 판가름된 지 오래다.

『쇼핑학(Buyology)』의 저자 마틴 린드스트롬은 "이성이 아닌 감성이다. 머리로는 이해되지 않는 비합리적 소비를 이끌어내야 한다"고 말한다.

　최근 지구촌 교역량이 줄어 수출 경쟁력 강화가 한국 경제의 화두로 떠오르고 있다. AOA '심쿵해'라는 노랫말처럼 우리 제품이 기술·감성의 융합으로 세계 소비자들의 마음을 흔들었으면 하는 바람이다.

한국 경제 희망 찾기
RE DESIGN KOREA

바둑에는 완생의 길로 접어들기 위한
몇 가지 전략이 있다.
공피고아(攻彼顧我)와 동수상응(動須相應).
상대를 공격하기 전에 자신부터 돌아보고,
서로 어울리도록 움직이라.
기자쟁선(棄子爭先)과 사소취대(捨小就大).
집 몇 개를 버리더라도 우선을 다투고,
작은 것을 버리고 큰 것을 취하라.

남의 돈 벌기가 정말 어려운 이때,
미생의 한국 경제가 완생의 길로 가는 데
곱씹어볼 만한 전략이다.

성장과
쇠퇴는
인재가
결정한다

"채용이 곧 전부다"라는 말이 있다. 제대로 된 인재가 회사에 들어오면 모든 일이 잘 풀린다. 하지만 '천 길 물 속은 알아도 한 길 사람 속은 모른다'는 속담처럼 인재를 제대로 알아보기는 정말 어려운 일이다. 오죽하면 면접을 볼 때 관상가까지 동원하는 기업이 있겠는가.

기업의 성공에 있어 인재의 중요성은 아무리 강조해도 지나치지 않는다. 삼성을 창업한 고(故) 이병철 회장은 '내 인생의 80%는 인재를 찾고 육성하는 데 썼다'고 했다. 말단 직원이 됐든, 최고경영자가 됐든 한 사람의 역량에 의해 기업은 발전하기도 하고 쇠퇴하기도 한다.

누구나 알다시피 애플의 성공신화는 스티브 잡스의 힘이라 해도 과언이 아니다. 233년 역사를 자랑하던 영국 베어링은행이 단돈 1파운드에 매각된 것도 한 젊은이의 오판에서 비롯됐다.

대한민국은 누구나 인정할 만한 교육의 나라다. 인재가 부족하다고 할 수는 없다. 기업은 넘쳐나는 인재 가운데 옥석을 가릴 눈을 가져야 한다.

교육도 중요하다. 우리나라는 매년 수만 명의 대졸 인재가 쏟아지지만 기업의 역할을 바로 알고, 올바른 경제관념을 갖춘 이는 많지 않다. 획일화된 정규교육과정에서 벗어나 기능 인력 양성에도 힘을 쏟아야 한다.

세종대왕이 관노 출신이었던 장영실을 중용한 까닭도 인재의 중요성을 깨달았기 때문이다. 기업의 흥망성쇠를 결정하는 것은 언제나 인재였다. 침체냐 재도약이냐의 갈림길에 서 있는 지금, 우리에게 필요한 것은 미래 백년대계를 열 세종대왕의 안목과 장영실 같은 인재다.

세종이 관노 출신 장영실을 중용한 까닭

|

최근 톡톡 튀는 이색적인 방법으로 인재를 채용하는 기업이 늘고 있다. 한 백화점은 TV 서바이벌 프로그램을 통해 신입직원을 선발하고 있다. 온라인게임존을 만들어 입사 지원자의 긴장을 풀어주는 회사가 있는가 하면 채용 과정에서 맥주파티를 하는 기업도 있다.

지원자가 역량을 최대한 발휘할 수 있게 하는 한편 기업으로서는 자신의 기업문화에 맞는 인재를 찾을 수 있다는 점에서 긍정적인 현상이다.

일본에는 독특하다 못해 시트콤에나 나올 법한 엽기적인 방법으로 인재를 선발하는 기업이 있다. 한 컴퓨터부품 회사는 목소리가 큰 사람을 뽑는다. 큰 소리로 말하는 사람은 자신감이 있고 실수했을 때 반성이 빠르다는 이유에서다. 또 오징어와 같이 씹기 어려운 음식을 차려놓고 밥을 빨리 먹는 사람을 뽑기도 했다. 이런 사람이 빠릿빠릿하며 일처리가 똑 부러진다는 것이다. 화장실 청소를 시키기도 했는데 남들이 싫어하는 일도 서슴없이 하는 열정을 보기 위해서라고 한다.

별난 채용 방법의 결과는 좋았다. 이런 과정을 거쳐 선발된 인재들이 컴퓨터 하드웨어용 모터 부문에서 이 회사를 세계 1위에 올려놓았다.

이처럼 다양한 채용 방법을 활용하고 있는 기업이 늘고 있지만 구태의연한 채용기준을 버리지 못하는 기업이 여전히 많아 안타깝다.

한 취업포털이 발표한 바에 의하면 서류 전형을 할 때 출신 대학을 고려하는 기업이 43%나 되었다고 한다. 상위권 대학과 하위권 대학 출신을 달리 취급하는 기업도 41%였다. 좋은 대학을 졸업한 사람이 일을 잘할 거라는 막연한 기대감 때문이라고 한다.

지원자의 역량과 자질을 제대로 살피지 않고 학벌만 보면 엉뚱한 사람을 뽑을 수 있다. 이렇게 한번 잘못 뽑은 직원은 직장의 동료, 상사는 물론 고객에게까지 지속적으로 피해를 주게 된다. 기업 전체가 멍들게 되는 것이다. 사과상자 안에 썩은 사과 하나만 있어도 나머지가 쉽게 썩는 것과 같은 이치다.

게다가 일단 채용한 직원은 아무리 마음에 안 들어도 해고하기가 사실상 불가능하다. 우리 노동법이 정규직의 고용을 엄격하게 보호하고 있기 때문이다. 결국 기업이 처음부터 옥석을 정확하게 가려 직원을 채용할 수밖에 없다.

별반 차이가 없어 보이는 지원자 중 우수한 사람을 뽑는 방법은 무엇일까. 한때 드라마를 통해 똥지게까지 져가며 성군의 모습을 보여준 세종대왕이 참고가 될 듯하다. 세종은 인사의 달인이었다. 그는 신분의 귀천이나 문벌의 우열을 따지지 않았다. 심지어 과거의 행적도 묻지 않고 역량 있는 인재를 구했다. 황희는 서얼 출신에다 과거 세종의 세자 책봉에 반대까지 한 인물이지만 세종이 가장 신임하는 재상이 되어 18년이나 영의정으로 재임했다.

장영실은 중국계 귀화인의 후손이자 관노 출신이었지만 중용되어 조선의 과학 기술 수준을 높였다. 최윤덕은 무관이었지만 국방에서 뛰어난 업적을 인정받아 재상에까지 등용되었다.

세종은 당시 많은 선비가 내실을 기하기보다 자신을

드러내기 좋아하는 모습을 보고 겸손과 실력을 겸비한 인재가 될 것을 요구했다. 화려한 스펙 쌓기와 같은 겉치레에만 치중하고 인성을 갖추지 못한 자를 경계한 것이다. 또 과거시험만으로는 적합한 인재를 찾을 수 없다는 것을 간파하고 관료들에게 인재를 천거토록 했다. 채용의 길을 다양화해 숨은 인재를 발굴한 것이다.

간택(揀擇)·평론(評論)·중의(衆議)로 이어지는 3단계의 인사 시스템도 구축했다. 간택 단계에서는 공직후보자의 경력과 자질, 부패혐의 등을 철저히 살폈다. 이어 평론 단계에서는 내부 관원들의 평가를 종합 정리했고, 마지막으로 중의 단계에서는 오늘날의 인사청문회 같은 것을 열어 여론을 들어보고 나서야 인재를 등용했다. 찬란한 세종 시대는 이렇게 선발된 인재들에 의해 만들어졌다.

기업의 성장과 쇠퇴는 결국 기업 내부의 인재에 따라 결정된다. 기업은 학벌이나 스펙이 아니라 능력과 인성·열정을 잘 살펴 인재를 채용해야 한다. 세종이 등용했던 수많은 인재 덕분에 당시 조선이 문화를 꽃피우고 태평

성대를 구가했듯이, 그런 인재 채용이야말로 기업이 지속적으로 발전할 수 있는 길이기 때문이다.

황금 보기를 돌같이 하면 안 된다

유대인은 전 세계 인구의 0.2%에 불과하지만 노벨 경제학상 수상자의 65%를 배출했다. 또 포춘이 선정한 글로벌 100대 기업의 40%를 소유하고 있으며 지구촌 백만장자의 20%를 차지하고 있기도 하다.

유대인이 이처럼 경제 분야에서 두드러진 활약을 펼치는 데는 이유가 있다. 어려서부터 가정에서 자연스럽게 경제교육을 받기 때문이다.

유대인 부모는 일상생활 속에서 자녀에게 합리적인 경제관을 가르친다. 예를 들면 이유 없이 용돈을 주지 않는데, 이를 통해 심부름 같은 정당한 노력을 해야 돈을 벌수 있다는 사실을 알려준다. 또 형제간 나이 차이가 있어도 같은 심부름에는 용돈을 똑같이 줘 동일 노동, 동일

임금의 원칙을 깨닫게 해준다.

돈의 가치도 현실적으로 가르친다. 유대인은 돈이 많은 사람이 훌륭하다는 가치관을 가지고 있다. 학문이나 지식이 뛰어나더라도 가난하면 존경받지 못한다. 이런 가치관은 돈에 대한 집념을 갖게 하고 창조적 기업가정신의 원천이 된다. 돈을 중시하지만 다른 한편으로 절약과 절제, 자선과 선행을 가르침으로써 돈만 아는 비정한 인간이 되지 않도록 경계한다.

우리의 경제교육 현실은 어떤가. 대부분의 가정에서는 자녀가 돈을 모르는 것이 바람직하다고 여긴다. 어린아이가 돈을 알면 영악하다고 생각한다. 학교나 책에서는 대체로 부유한 것보다 청빈이 훌륭한 가치라고 가르친다. '황금 보기를 돌같이 하라'라든지 '어떤 재상이 돌아가셨는데 장례 치를 비용마저 없을 정도로 가난했다'는 식의 청백리 얘기를 흔히 듣는다.

본질에 눈감고 허위를 가르치는 교육이 아닌가 한다. 이런 면에서 얼마 전 교육과학기술부가 경제교육을 축소하기로 한 것은 유감스럽다 하겠다. 교과부는 고교 교과

과정인 '일반사회' 과목을 중학교로 내려보내는 한편 선택과목인 '생활경제'를 폐지한다고 했다. 이후 비판 여론이 일자 '생활경제' 과목을 유지하기로 했지만 학교 경제교육이 위축되지 않을지 걱정스럽다.

경제교육은 생산·소비·금융 등 경제 원리에 대한 지식을 배우고 경제의식을 함양하는 것을 목적으로 한다. 그런데 우리의 학교 경제교육은 생활경제보다 이론 위주다. 어려운 경제 논리와 용어는 학생들이 경제에 대한 흥미를 쉽게 잃게 한다. 또 고등학교를 나와도 금융·부동산 등 생활에서 반드시 필요한 경제 상식을 모르기 십상이다.

기업활동이나 대·중소기업 관계에 대한 부정적 서술도 문제다. 반기업정서를 부추기기 때문이다.

무엇보다 입시 위주의 교육으로 인해 학생들에게 올바른 경제관을 심어주지 못하고 있다는 것이 근본적 한계로 지적된다.

우리와 달리 선진국은 오히려 경제교육을 강화하고 있다고 한다. 미국이 민간 위주로 이뤄지던 경제교육에 국가가 나서서 지원하는 것이라든지, 영국이 전 학년에 걸쳐 금융교육을 강화해나가고 있는 것이 그 예다.

대한상공회의소는 2003년부터 청소년과 대학생·교사를 대상으로 경제교육을 하면서 이 분야에서 선구자적 역할을 해왔다. 반기업정서가 고조되던 당시부터 시장경제의 우수성과 기업의 역할을 제대로 알리기 위해 애써 온 것이다.

『만화 CEO 열전』, 『재미있는 경제』 등 청소년이 읽을 만한 경제서적도 활발히 펴내 초·중·고에 보급했다.

이 같은 민간의 노력에 더하여 학교에서도 경제교육을 강화해나간다면 장차 경제 분야에서 유대인과 같은 성과를 기대할 수 있을 것이다.

'한땀 한땀' 장인 키우기

|

1960~70년대 국제기능올림픽에서 우승하고 돌아온 선수단은 개선장군이었다. 서울 도심에서 시민들의 열렬

한 환영 속에 카퍼레이드를 하던 모습을 중장년 세대는 생생히 기억할 것이다. 실로 한국은 국제기능올림픽에서 16번이나 종합우승한 최대 강국이다.

하지만 기능 강국이라는 이름을 떨친 이들과 기능올림픽에 대한 대접과 관심은 예전만 못하다. 실제로 기능 인력과 이공계 홀대는 심각한 수준에 이르렀다.

10년 전만 해도 74만 명에 달하던 전문계고 학생 수는 46만 명으로 38% 가까이 급감한 데 반해 인문계고 학생은 150만 명으로 13% 늘었다.

기능 인력 양성을 위해서는 독일의 사례를 참고해야 한다. 독일에서 마이스터가 되려면 만 16세부터 산업체 기반의 기술고교와 직업학교를 다녀야 한다. 여기서 2년간 조수 실습과 3년간 도제식 전문과정을 거친 뒤 소정의 시험에 통과하면 전문기능인이 된다. 이후 1년간 이론과 실무교육을 받고 국가시험에 합격해야 한다.

마이스터는 현장 작업자들과 엔지니어의 중개자 역할을 하며 경영 감각까지 갖춘 창조적 기술자가 된다. 독일 국민들은 마이스터란 지위를 높이 평가하고 화이트칼라 직업군에 못지않은 존경과 부를 쌓을 수 있다.

마이스터고 졸업생이 기술 분야 최고 명예인 기술명장이 돼 능력에 걸맞은 대우를 받는다면 대학입시 위주의 우리나라 교육은 근본부터 바뀔 수 있다. 비싼 사교육비와 등록금을 들여 제대로 써먹기 힘든 대학 졸업장을 받는 것보다 졸업과 동시에 적절한 일자리가 보장되는 마이스터고는 사회의 새로운 역할 모델이 될 수 있으리라 기대한다.

이를 위해 제도적 보완이 필요하다. 먼저 고졸 기능 인력 채용 수요를 데이터베이스화하는 등 마이스터고의 교육과 산업현장의 채용을 더욱 긴밀히 연계해야 한다. 마이스터고 졸업생 등 기능 인력 채용 기업에 세제 혜택도 필요하다.

공기업 등 공공기관에서 신입사원의 일정 비율을 마이스터고와 특성화고 졸업자로 채우는 채용목표제도 신중히 검토해야 한다. 마이스터고·특성화고 졸업생에 대한 능력 인증과 자격제도를 마련해야 함은 물론이다.

한국 경제 희망 찾기

RE DESIGN KOREA

사마천은 『사기 화식열전』에서
"산속에 묻혀 사는 청빈한 선비도 아니면서
가난과 비천에서 벗어나지 못하는 자가 말로만
인의를 떠드는 것은 부끄럽기 짝이 없는 일이다"
라고 갈파했다.

현실에 발을 딛고 살아가야 할 청소년에게
올바른 경제관과 경제생활의 지혜를 가르치는 일은
국가와 기성세대의 책임이다. 미래 100년은
바른 청년 인재가 좌우한다.

다스한 봄은
반드시 온다

겨울 한반도는 속살을 드러낸다.
어느 작가는 흙을 지구의 살갗이라고 했는데
겨울은 겉치레를 벗는 계절 같다.

우리의 삶은 흙에 참 많이 닿아 있다. 흙에서 나서 흙으로 돌아간다고 했고, 문명의 시작과 흥망도 흙과 관련됐다고 한다.

아쉽지만 우리 한반도의 흙은 거칠다. 토양 성분이 산성에 가까워 유기물이 적고 양분 저장이 잘 되지 않는다고 한다. 봄이 되면 이 땅에 많이 피는 진달래는 영어로 '어제일리어(Azalea)'라고 하는데, 이 말에는 척박하다는 뜻이 숨어 있다.

그러나 우리는 이 거친 땅 위에서 삶을 살았고, 척박함을 극복했다. 식민지를 거쳐 전쟁으로 황폐화된 땅에서 기적을 일궜다.

어려웠던 시절 한 마지기 남짓한 땅에서 억척스럽게 일해 자식을 키웠고, 1960~70년대 독일로 간 광부들과 중동의 모래사막에서 건설노동자가 벌어들인 돈은 산업자본의 밑거름이 됐다.

조선산업을 일으킨 자리도 울산 미포만의 황량한 백사장이었고, 반도체 원료도 거친 흙에서 뽑아내 산업의 꽃으로 키워냈다. 단군 이래 최악의 위기라던 외환 위기도 세계가 놀랄 만큼 빠르게 극복했고, 글로벌 금융 위기도 슬기롭게 극복했다.

역사학자 토인비는 문명을 일으킨 자리는 안락한 환경이 아니라 대부분 가혹한 곳이라고 했다. 중국 고대문명의 발원지도 비옥한 양쯔강이 아니라 혹독한 추위로 겨울이면 강이 얼어붙어 배가 다닐 수 없는 황허 강변이었다.

고난과 역경은 안으로는 문제를 돌아보게 하고 밖으로는 생존에 대한 대책을 모색하게 하는 좋은 선물이다. 또

한 번의 위기 속에 희망을 잃어가는 대한민국이라지만 우리는 다시 일어설 수 있다. 국민에겐, 기업에겐, 정치에겐, 대한민국 땅을 발 딛고 살아가는 우리에겐 위기 극복의 DNA가 있으니 말이다.

지금 경제를 이끌어가는 경제주체들에게 가장 중요한 것은 위기 극복을 향한 '믿음'과 '의지'다.

미국의 경제학자 카스(Cass) 교수는 경제가 가지고 있는 근본 여건에 변화가 없더라도 경제주체의 기대가 바뀌면 실물경제도 움직일 수 있다고 주장했다. 영국의 경제학자 피구(Pigou) 교수는 기업인의 기대 변화가 산업생산을 움직인다고까지 말하고 있다. 결국 나라경제라는 건 '자기실현적 기대'를 따르게 돼 모두가 좋아진다고 믿으면 정말 좋아진다는 말이다.

그렇다고 '이 또한 지나가리라'는 마음을 품자는 것은 아니다. 과도한 한국 경제 회의론에 사로잡혀 기회를 놓치는 우를 범하기보다는 위기감을 갖고 희미한 기회나마 또렷하게 바꿔나가는 의지를 갖자는 얘기다.

"바뀔 수 있습니다. 절대 포기하지 마세요."

인기리에 방송된 드라마 〈시그널〉에서 나온 명대사다.

'경제에도 봄은 반드시 온다'는 희망을 갖고 희미한 시그널을 향해 달려가보는 것은 어떨까. 겨울이 지나면 다스한 봄이 반드시 오고, 봄이 오면 일자리의 꽃은 필 테니까.

감사의 글

2013년에 발간된 『한국경제 톡톡톡』에 이어 『한국 경제 희망 찾기』를 발간했다. 두 번째 책을 낸 이유는 이렇다. 대내외적으로 정치·경제 환경이 불확실한 상황에서 우리만 우물 안 개구리라는 놀림을 받는 현실이 안타까운 게 첫 번째 이유다.

두 번째는 우리에게 난국을 헤쳐나갈 방안은 있는지, 우리기업의 미래 먹거리는 무엇인지, 과연 우리에게 희망이 있는지에 대한 고민의 발로다. 마지막 세 번째는 경제부처 30년, 경제단체 7년 등 37년간 경제 현장에서 느꼈던 소회를 정치권, 정부, 기업인을 비롯한 독자들에게 전달하고 싶은 마음에서다.

책을 또다시 펴내며, 그동안 함께 몸담은 상공부, 산업자원부, 지식경제부(현 산업통상자원부)의 선후배들께 감사의 말을 전하고 싶다. 2010년부터 지금까지 7년간 동고동락하고 있는 대한상공회의소 임직원들, 특히 다양한 언론 기고와 강연자료 작성을 위해 함께 노력한 대한상공회의소 조사본부와 홍보실, 조영준, 이종명, 박채웅에게 고마움을 표한다. 또한 자칫

지루하고 고루해 보일 수 있는 칼럼을 모아 멋들어진 책으로 잘 엮어주신 소담출판사 대표님과 직원분들에게도 감사를 전하고 싶다.

그 누구보다 결혼 37년간 내 곁에서 언제나 응원과 격려를 아끼지 않은 아내 허진숙과 미국 변호사인 아들 원준, 호텔리어인 며느리 차지윤에게 사랑의 말을 전한다. 쌍둥이로 세상에 태어나 두 배의 기쁨을 안겨준 손자 서원과 서진에게도 진심 어린 사랑을 보내며 항상 밝고 건강하게 자라기를 기도한다. 아울러, 쌍둥이 손자를 키우는 즐거움을 한껏 배가시켜준 모든 분들에게 기쁘고 감사한 마음을 드린다.

끝으로 한국 경제와 한국 기업의 난관과 해결 방안에 대해 함께 고민하며, 책이 나오기까지 많은 격려와 관심을 보내주신 전국상공회의소 회장님과 회원업체, 기업인, 언론인들께도 진심 어린 감사의 인사를 전한다.

2017. 4.
남대문에서
이동근 대한상공회의소 상근부회장